读书民刊漫记

朱晓剑 著

山西出版传媒集团
北岳文艺出版社
BEIYUE LITERATURE & ART PUBLISHING HOUSE
·太原·

图书在版编目（CIP）数据

读书民刊漫记 / 朱晓剑著. —太原 : 北岳文艺出版社，2019.3（2025.4重印）
ISBN 978-7-5378-5793-2

Ⅰ. ①读… Ⅱ. ①朱… Ⅲ. ①期刊—研究—中国 Ⅳ. ①G255.2

中国版本图书馆CIP数据核字（2018）第289836号

书名：读书民刊漫记
著者：朱晓剑
特约编辑：李　路　韩玉龙
责任编辑：李向丽
封面设计：杨梦清
排版设计：刘昌风

出版发行：山西出版传媒集团·北岳文艺出版社
地址：山西省太原市并州南路57号　邮编：030012
电话：0351-5628696（发行部）
0351-5628688（总编室）　传真：0351-5628680
网址：http://www.bywy.com　E-mail：bywycbs@163.com
经销商：新华书店
印刷装订：三河市元兴印务有限公司

开本：880mm×1230mm　1/32
字数：150千字　印张：7.125
版次：2019年3月第1版
印次：2025年4月河北第3次印刷
书号：ISBN 978-7-5378-5793-2
定价：39.80元

序一　读书民刊，你好

倘若我们来研究读书民刊的发展史，还需从20世纪八九十年代的思想解放说起。此时，各类民间刊物风起云涌，如诗歌民刊、行业内刊等，而读书民刊只是众多民刊之一。它出现的时间较晚，但影响力与日俱增。至于何为读书民刊，曾引起不少争议。简言之，读书民刊需满足这样的条件：供某社会团体或民间组织内部交流使用，没有正规出版或发行刊号的民间印刷物。其生存方式多为挂靠在文化单位，靠自筹资金、集资开办等。

2000年4月，《开卷》在南京创刊。此前，国内就有各种读书刊物出现，如《读书》《书林》等。随着时间的推移，许多刊物渐渐失去活力，而读书民刊却因有一定的定力，从而保持了较高的艺术水准，如《开卷》就团结了国内最顶尖的一批文化老人和青年学者、作家。以《开卷》为首的读书民刊近些年呈现出蓬勃发展之势。同样，我们可看到的是，全民阅读的风气培养与读书民刊的发展有着千丝万缕的联系。

序二 读书民刊的发展

《开卷》创刊以后，国内一些城市如北京、上海、十堰、成都、芜湖、济南等地，都出现了风格各异、内容多元的读书民刊。读书民刊的发展是得益于阅读风气的蔓延，可用你方唱罢我登场来形容，其迅猛发展的态势影响着许多年轻人走上了阅读之路。倘若我们将读书民刊的发展过程细分的话，大致可分为两个时期：

第一个时期的读书民刊纯粹以阅读为主，内容多为文史掌故，兼顾对新书的评论。这一时期因刊物主编大都是爱书人，具有相应的阅读品位，所以在组稿、编辑方面把关较为严格，从而保证了刊物的质量。

第二个时期的读书民刊形式多样，除了纸质刊物之外，还出现了电子杂志、阅读自媒体。刊物的主办方也由爱书人扩张到图书馆、纪念馆、书店等。刊物更关注地方文化与阅读的关系。这些都使读书刊物的范围有所扩展。

在办读书刊物的过程中，虽然许多刊物并没有提出自己的明确主张，但从其长期的办刊方向上看，各有所侧重。如《开卷》以文史类的文章为主；《芳草地》定位于高品位、有保存价值、让人喜爱的文学杂志；《梧桐影》的定位为“读书刊物、民间立场、地方特色”等。不过，对大多数读书刊物来说，其内容都是以书人书事、淘书藏书为主，没有明确的版块划分，就难免给人一种看上去相差无几的感觉。

据有关统计资料显示，读书刊物如今发展到上百种，老牌民刊如《开卷》《芳草地》等依然在坚守，主题性刊物如《日记杂志》《书简》《名堂》也是做得有声有色。不过，在读书民刊的生存过程中，也存在着诸如资金问题、人事变动等原因而导致刊物停刊的情况，如十堰《书友》、武汉《崇文》、北京《书脉》、长沙《书人》等都因故停刊。在这方面，深圳的后院读书会探索出的“策划+有条不紊的执行+随时可用的资源”方式，也许可以有效缓解读书民刊的经济压力。

序三 网络阅读时代

随着网络的普及和移动设备的介入，阅读变得无处不在。但这种网络阅读常常被视为一种“浅阅读”。这跟全球化背景下的社会经济转型有关。生活节奏的加快，致使当下的阅读呈现出碎片化的趋势。

在这个时代，阅读以浅层次为主，但这并不意味着排斥深度阅读。就拿读书民刊来说，它是不能脱离现实生活而存在的——服务当下，融合时尚与潮流，就有可能受到读者的青睐；反之，就可能是圈子化，无法更好地把阅读传递到大众当中去。在这样的背景下，各地兴起的文化讲坛多少是一种互补。从历史中汲取营养，反馈到当下，成为读书民刊发展的又一趋势。

《悦读时代》《温州读书报》《今日阅读》等刊物之所以能走在同行列的前面，且广受好评，与此大有关系。而新刊物如《乐读》《易读》则结合当下的网络资源，每期固定的主题吸引着读者的目光，这种方式如今也广被其他读书刊物所借鉴。

网络时代，不能不提到的是电子杂志。早期的刊物如《读品》《天涯读书周刊》等是社区人气聚集的产物，后来逐渐变成了读书类的兴趣读物。其涵盖的读者不仅仅局限于某一个社区论坛，而是针对互联网用户，如《独立阅读》《绿茶书情》等都以各自的特色赢得了书友的认同。还有不少电子刊物因稿源、读者群等原因做了几期就消失了。

在阅读日趋多元化的情况下，如何让读书刊物更具有活力？这在今天似乎不成问题。我注意到，有不少读书刊物利用网络资源组稿、联谊，形成了各自的风格。这其间，举办了十一年的全国民间读书年会发挥了重要的作用。民间读书年会的宗旨是“传播中华文化，营造全社会良好的书香气息”。每年的民间读书年会会选择一个城市举行，除了读书民刊相关人员参加外，包括藏书家、书店从业者、爱书人都会参与其中，被誉为“民间读书的盛会”。对大多数爱书人来说，若不是通过这个读书年会，是很难知道有那么多读书刊物存在的。

序四　全民阅读时代

2013年，全民阅读首次被写进政府工作报告，将阅读提高到国家战略的高度。全民阅读的推动，除图书馆、文化馆等公共阅读推广机构之外，还有形形色色的民间读书会存在，它们所分享的是阅读经验和阅读风格。而读书民刊在这其中所扮演的角色，也尤为重要。

读书民刊在早期仅仅是一份普通读书刊物，但在今天却显现出了更多的活力，如《开卷》推出的系列图书，《温州读书报》推出的《瓯歌》系列，《梧桐影》推出的系列小文丛，《上林》推出的十卷《上林文丛》，等等。这说明读书刊物除了正常出版之外，还有参与更为广泛的阅读活动的能力。

展览也是读书民刊常常举办的活动之一，如上海《点滴》举办了“黄永玉作品展”，《温州读书报》则有“温州读书报两百期回顾展”等。而各种文化沙龙则让阅读走进普通大众，如《梧桐影》的系列文化讲座、沙龙，《越问》的系列活动，在当地都产生了巨大的影响。这样的活动无疑是读书民刊最具活力的表现。

有趣的是，各种读书民刊纷纷开通了微博、博客，经常通过网络与读者互动，及时传递刊物的信息，打破了地域的界限，起到了阅读推广的作用。

说到全民阅读，不能不提到各地独立书店的参与和影响，在办好书店的同时，有不少书店都推出了自己的刊物，如广州方所书店的《方所》、南昌青苑书店的《豫章》、西西弗书店的《唏嘘》、季风书园的《季风书讯》等。在杂志创办之初，仅仅是会员读物，在今天，也都逐渐成为书店品牌的延伸。同样，这些读书刊物在全民阅读中也极具影响力。

全民阅读的参与，让读书民刊从小圈子走向社会，成为了阅读的一面旗帜。在谈到读书会时，深圳文化部门的有关人士表示，读书会的出现与移民城市的市民性格有关，他们通过读书寻找感情、友谊的寄托，不仅仅是亚文化群体，更是一种人际整合、扩展社会关系的方式。那么，读书民刊的出现与发展也不妨理解为对阅读文化的探索。

罗文华先生曾说，整合全国读书写作资源，融会读书文化与乡邦文化，发掘书话的“真精神”，由此推出好文好书，这是民间读书人为推动全民阅读所做的最实际的工作，也是中国民间读书界献给“世界图书日”的最好礼物。在谈到读书民刊时，他认为，只要全国的读书人持之以恒，在滋养阅读趣味的同时，不断提升阅读品位，那么“走向阅读社会”“营造书香世界”的设想就肯定不会落空。

目 录

卷一

卷二

卷三

读书民刊漫记

◎卷一

◎《悦读时代》

一

这几年，读书民刊办得风生水起，可给人的感觉还是有点缺失。这缺失既有精神向度上的追求（很容易做成自娱自乐的刊物），亦有对读书民刊定位的误区。到底怎样才能做得更为恰当一些？这个问题，朋友聚会也经常讨论，讨论的结果，也是没个标准的答案。

这背后既有读书民刊的坚持，也有经费的问题，同时也需要内容的扩展。一个读书民刊做得不伦不类很容易，要做得高端，有其精神，却十分艰难。在这一点上，东莞的《悦读时代》所做的努力，不妨看作是新一代读书民刊的标杆。之所以这样说，原因即在于它坚持的方向跟《开卷》《书人》相比是一脉相承的，却又有自己的特色。

首先是内容灵活多样。我从创刊号阅读至今，感受到最大的特色是杂志中既有固定的栏目（如“阅读联话”“书僮荐书”），又有内容的变化，杂志更多地将关注点转移到当下的阅读，这让《悦读时代》更贴近这个时代。

其次是作者队伍的庞大。我没详细统计过从第 1 期杂志至今有多少位作者在杂志上发表文章，但从每期涌现出的新作者来看，应当有上百位，更是涵盖了老中青三代。这么多的作者义务为杂志供稿，这种精神总让我想起博客阅读过程中的种种美好。

仅仅是这样，就构成了《悦读时代》的阅读王国。在那里，大家可以自由地交流，畅谈对书的意见，对书店的看法，也可以讨论藏书票，甚至可以表达自己对某一位作者的喜爱。自由、轻松的氛围，是适合阅读种子生长的。

好的杂志，就像是一间没有遮拦的茶馆，是一道阅读的风景。大千世界，唯有这一处让人流连忘返。

有人说，走得太匆忙，浮躁的气息会充斥我们的生活。当我们驻足的时候，不妨回到《悦读时代》，小憩在这一片园地里，做一个梦，或打个盹，都是无上的幸福了。

朱迪丝·莎兰斯基在《岛屿书》里说，天堂是岛，地狱也是。那么，阅读则是另外一种类型的岛了。在这个岛上，我们能享受空旷的自然，和闲适的自如。

二

像东莞这样的城市，我总觉得商业极发达，而文化可能就是弱项了。偶然见到《悦读时代》杂志，真有些惊艳，版式古朴（装帧设计乃藏书票制作大家崔文川），有韵味，内容多样，书人书事少不了，且有联话（如诗话词话一样）一期期地连载，成为一大特色。

2010 年，我有幸在成都举行的读书年会上见到《悦读时代》主编徐玉福先生，他跑前跑后，全程摄影，不亦乐乎。原来他是企业家，却热衷于文化，就做了这样一册杂志。创刊时，杂志为双月刊，后改为季刊，但内容不打折扣。这样的变化让杂志更有品质——原本做双月刊，难免在稿件质量或版式上有些匆忙，无形中就将阅读的品位降低了。

做《悦读时代》让徐先生找到了阅读的乐趣。像他这样的人，做读书杂志，真不好简单地归结为有文化情怀，而是有更高的精神层次，不妨称之为有文化理想。在做杂志的过程中，徐先生享受到了阅读之美。这才是读书杂志带给人的最高享受吧。

可惜的是，这本刊物现在也暂时休刊了。

◎《包商时报》

跟做管理的朋友闲聊，时不时会有这样的感慨：企业文化看似小事，说起来容易，但做起来很难。大抵说来，这些小事不是靠口号、标语累积起来的，而是需要切切实实地去做事。再就是说到人性化问题，似乎也很简单，很多企业也是宣扬的，真正做到的，少矣。不是这个有多难做，而是人性化所体现的细节，不仅仅是在工作中，还包括对员工的关爱，甚至于允许员工在公司能发表一点自己的见解，正确不正确并不是那么重要，关键是能带给员工对企业的归属感。

阅读《包商时报》已经很久了，每次收到报纸都有些感慨，没想到在西部地区还有如此有思想有内涵的报纸。按《读库》主编张立宪的说法是：有趣、有料、有种。而我觉得还应该加上“有氧”，即读来有营养。凭我多年的媒体经验来看，一份报纸，能做到喜闻乐见太不容易了，毕竟不同的人群会有不同的期待。但在《包商时报》里，既有行业动态，亦有业务随想；有理财秘籍，亦有摄影风采；更少不得读书人的文化生活，可谓洋洋大观矣。每月读《包商时报》都有不同的感受，不免想象，这样一个企业有着怎样的文化？博大、宽容，宽松的企业文化。说到银行，大概想到的都是跟商业打交道的事，相当势利（艾本斯坦说，它确实就像细菌一样，无处不在），物化（哲学家认为是人的自我的异化）。但如果一个银行仅仅是这样，那还有多少文化可言呢？这就像房地产一样，如果仅仅强调利润，忽略掉了建筑的人性化，大概也是败笔了。

罗曼·罗兰曾说："爱是生命的火焰，没有它，一切变成黑夜。"爱是一种文化、一种传承，对企业来说，更是如此。《包商时报》在此意义上看，就不再只是一个交流的平台，而是在互动中彰显企业文化。我们不能忽略爱在我们日常生活中的价值，这就像我们日常生活中无法缺失氧气和水一样。《包商时报》提供的就是这样的一种思想，这也是对"包容乃大，商赢天下"理念的最好注解。

做一份有营养的报纸，给读者带去更多的企盼和期待，在《包商时报》100 期来临之际，唯有良好的祝愿伴她同行，让更多的人从这里了解到文化之美，够好。

◎《包商书声》

藏书家冯传友曾做过报纸编辑、电台主持人，2009年接手主编包商银行的报纸《包商时报》，同时创刊《包商书声》。报纸也从4开小报，改为对开4版大报，几个月之后改为对开8版，版面的扩充在某种程度上反映了报纸做得有声势、有气势。

《包商书声》为月刊，每期虽只有一个版面，却是名家荟萃，如姜德明、文洁若、陈子善、沈文冲、伍立杨等，新锐读书人毕亮、黄涌等人加盟，书人书事、书评书话、序跋等都能在报上亮相，针对不同的阅读态度，也时有探讨。这样的氛围，就像一个读书圆桌，各色人等竞相出场，围绕着书展开，又不伤和气，这才是读书人的本色。

有时，读书刊物的气势可看作是主编的个人风格和识见的最佳表现，读书文章追求的不只是学术的探讨，更重要的是那其中的书情书色，看似不经意的地方，却显示出了主编的着力点。冯传友在《包商书声》里，体现的是众声喧哗中的书声琅琅，那是一种阅读的正气，与这个时代的浮躁隔离开来。如藏书家徐雁所言："虽然古今中外的书籍堆积如高山，但山不转水要转——只要读书人下定决心和恒心，如水随山，川流不息，那么总能突破峻岭叠嶂的种种限制而东流入海，努力实现人生求未学、求新知，乃至求绝学、求真知的终极文化理想。"

《包商书声》，坚守在内蒙古，提供给这个时代以营养。这倒让我想起李汝珍《镜花缘》第二十三回所说的场景："走过闹市，只听那些居民人家，接二连三，莫不书声琅琅。"不过，这个读书刊物在

2014 年停了，真是可惜。

◎《温州读书报》

一

接触《温州读书报》的时间较晚，但我惊奇地发现在温州这样商业发达的城市中居然有这样一份很有文化气息的报纸。曾听人戏言，温州的经济太好了，温州人只剩下钱了。很显然，这说法是对温州的误读，在近代史上的温州是开风气之先的。曾有报纸说《瓯风》是“一份地方杂志的大视角”，那么，《温州读书报》放眼全国，记录书人书事，展现读书风采，也是功不可没的。

《温州读书报》在读书民刊当中算不算最早的，我不太清楚。其内容的丰富和格调的高雅，却时常让我想起现在已消逝的湖北《书友》报。但不管怎样，《温州读书报》是独特的，这不仅反映在内容上（比如瓯风版注重当地的文史考证、旧人旧事，都很有地方风味），也反映在其整体划一的版面上，去除了阅读潮流，而将阅读回归到阅读本身，不管是书窗版，还是书香版，都是书人书事，文章读来，大都清新有味。

在最近几年的内容当中，还有专栏出现，比如董国和的“百堂话书”、潘德宝的“扶桑卮言”、子张的“我的签名本”、王春南的“夏里专栏”、方韶毅的“温州老版本”，精彩纷呈。文章虽短，却能让人读出几许滋味，不由令人赞叹“书里乾坤长”。

上海的周立民兄前段时间在微博上说：“《温州读书报》2013年第5期，子张的文章《龙套何曾——》一文，谈冯亦代，我认为作者的观点是客观、公正的，没有后知后觉者的傲慢与偏见或洋洋自得。”时下很多解密、发现、新论，用尖叫博人眼球，哄历史盲。而且历史人物娱乐化的倾向越来越严重，把以己度人做得离谱了。这种现象是值得关注的。之所以这样说，是因为即便是书人书事的记录，也不妨温厚一点，剑拔弩张毕竟不是读书人的风骨。我想起钟叔河先生评论时下的读书界的宽厚，一笑置之。是的，当读书的外衣成了过眼云烟之后，剩下的才是最重要的吧。

读书，读的到底还是人。人之性格在《温州读书报》里亦有精彩的反映，比如沈文冲先生的“忆程千帆”系列，子张的《蔡其矫一去六年》等，将书人书事发挥到了极致。怀人是一种情感的记忆，《读书报》的这种人文情怀也是最动人的。

试想，一份报纸、一篇文章缺了相应的高度、广度、深度，就只能沦为一般了。这就好比仅仅介绍书的作者、背景并非是篇好书话，更应将作者的见识扩充到报纸的内涵中去，使其有一种温情，从而区别于高头讲章式的报刊论调。

但要想仔细阐释《温州读书报》的温情，无疑是困难的，因为那是多元的，不同的作者对此也有不同的见解。比如桑农的《文人共和国》，就以不同的视角来看文化的变迁，有味，又有趣。正是这风格，让《温州读书报》生动、活泼，而又有性情。

二

在我的印象中，温州是商业城市，但其文化状态，颇有诱人之处。《瓯风》杂志的多彩，让地方文献多了新思路。而《温州读书报》迄今出版200多期，作为一份读书月报，坚持这么久，也真是奇迹。

《温州读书报》是温州市图书馆在1997年创刊的一张八开四版的读书报。董国和说："报虽不大，但内容丰富，文章短小耐读，深受读者们的好评。"其第一版为书界新闻和出版动态，第二版"书窗"开拓读者视野，第三版"书香"分享读书体会，第四版"瓯风"则与温州文献、史料相关，显现了报纸对阅读和地方文化的关注。

这份报纸也曾遭遇经费问题，据主编卢礼阳先生透露，创办之初，经费比较困难，经过动员洽谈，温州市书刊音像发行公司（第1期至第20期）、乐华图书公司（第27期至第33期）先后与本馆合办，资助印刷费用，稿费暂时不计发，以书券代酬。后来财政给予支持，列入预算，本馆自筹一部分，才开始支付稿费。与温州读书协会两家名义合办（2002年至2005年12月），那是后话。随着报纸影响的扩大，2008年4月，杭州学是图书公司经理张国栋找上门，承担增版（5、6两个版）的费用，为期8个月。图书馆的主管部门（市文化广电新闻出版局）在内刊的申报过程中帮刊物出点子，尽管因种种原因未能如愿，仍一如既往赞成其继续办报。

在总结做《温州读书报》时，卢先生曾在文章中说："我希望以《温州读书报》为阵地向读者呼唤：拒绝遗忘、正视历史、面对现实、推动改革、促进民主。报刊不问大小，求真务实，敢说真话，就有生命，有价值。（金为民语，150 期）”这既是读者的殷切期待，也是温州图书馆人参与培育健康理性的书香氛围的同时，不敢忘却的努力方向。

作为书香社会的一员，《温州读书报》所倡导的也正是这个时代稀缺的阅读气息。从这一点看，其价值是大于一般刊物的。

◎《开卷》

古人说，开卷有益。南京董宁文做《开卷》一做就是十多年。杂志是小三十二开，每期一个印张，作者名家辈出，不少人以能在杂志上刊发文章为荣。一份读书民刊做到这份上，真是奇迹。

《开卷》虽小，内容却不薄，书人书事，哪怕是杂志后面的开卷闲话，现在都已结集六七本了。董宁文间或推出“开卷文丛”“开卷书坊”系列读物。我看杂志，看的是性情，很多杂志办着办着就严肃起来，好像庄严才是根本。但太过严肃，杂志读着无味，怕是送到案头都懒得翻一下。

开卷所谓的益，正是在里面读到的真味、真感受。读书民刊这些年出得还真不少，林林总总，各有性情，但无疾而终的多，一年年坚持下来的，大为不易。这样想着，我跟朋友就做电子杂志，也很好玩。

但在爱书人的眼里，这只是一种玩，纸质杂志才是正宗。不过，读书的载体虽然有差异，但条条大路通罗马，读书的目的是一致的。

现在开卷的观念更新得很快，浅阅读、微阅读，精彩纷呈，像董宁文那样，闲闲地编杂志，也做成了事业，较为少见。

由开卷到《开卷》，再到阅读的潮流，正是读书人的回归。虽然功利性阅读不可避免，但如果有机缘，还是宁可离功利远一点，保持一点独立和自由，才是开卷的真精神。

◎《艺文志》

有一位朋友说，做出版，不如办杂志。但要说到空闲，还是做出版空闲多；要是好玩，那就是杂志了。杂志办下来不易。行业里亦有话说："如果你想害一个人，你就劝他办杂志。"杂志出版周期短，为吸引读者，得常常有新鲜话题出来，才能招徕读者。万一做得差了，读者就流失了。

前几年，好像流行一种说法，办杂志就像做生意，人傻，来钱快。现在是大伙都精明了，杂志办下来就不易了。更不要说网络媒体的发展，自媒体的流行，杂志的生存空间就愈加小了。我的朋友王来扶和游伟在长沙办了个电子杂志，叫《艺文志》，读书看电影，优哉游哉，又有熬吧会所做支撑，办杂志之余，还做起了读书活动，精彩非常。我去参加过他们办的一届阅读之夜年会，见识了好些个读书达人。

所谓艺文志，即历代纪传体史书、政书、方志等，将历代或当代有关图书典籍，汇编成目录。用在当下，就仅存一个名字，但其立意还是高远的。有段时间，我也给《艺文志》写稿，写读书经验、写书店，大家一起玩嘛，一定玩得开心。办电子杂志更是如此，既少了稿子长短的束缚，也没有更多的管制，写得好就是唯一的标准。记得一起写稿的有羽戈、内陆飞鱼、黑子、周为筠、阿乙等，著名设计师张发财是否也参与其中，我记不大准确了。

不过，好久没看见《艺文志》的动静了。西安的崔文川却办起了纸刊《艺文志》，也是文化类的杂志，读读书、赏赏画、看看金石，都别有一番风景，杂志做得风生水起。崔文川先是做了两期杂志的试刊，广受欢迎，之后就有出版社愿意一起做这么高雅的事。

杂志办到这份上，真是难得。我见过一些杂志，开初都雄心万丈，不是要办成《时代》周刊，就是《纽约客》之类的，结果呢，看了第1期，就看不出多少气象，做个几期，也就难以为继，关门大吉了。经历这样的事多了之后，就羡慕做杂志的那份实在，而不是浮夸。老老实实地把想做的内容在杂志上一一呈现出来，就已经很难得了。

从这两份《艺文志》上，多少能看出办杂志的人是多么好玩，把办杂志当成志趣，乐在其中，才是办杂志成功的关键。说白了，办杂志跟做其他的工作一样，是需要激情的。

◎《今日阅读》

苏州市图书馆办有《今日阅读》季刊，内容涉及阅读的方方面面，我曾在上面写《天涯读书周刊》的故事，连载了几期。这样的书事，记人记事，都是情感的自然表达，倘若做作起来，那就不大好玩了。

这几年流行读书日记。杂志上也时常可见形形色色的日记，也有味也无味，主要是写作者是以怎样的心态写那故事。我也尝试记了几条，总觉得不够有味，只好作罢。读书民刊，创办一册很容易，长期坚持下去，颇难。好像唐诗宋词，读来都有那么一点意思，可朝夕相对，也未必那么有味。有朋友开了家书店叫“今日阅读”，也曾做过几期会员杂志，说不上多好看，唯读书资讯而已。

书店做杂志，跟图书馆相比，也有优势。记得早年的席殊书屋办有《好书》、西西弗书店办有《唏嘘》、诚品书店办有《诚品好读》，还有毛边书局办的《毛边书讯》，有时是一时兴起，办起来玩玩，到底是不能持久的事业。

不过，好玩的事，是在杂志中发现阅读的新天地。可惜这些都被时下的碎片化阅读所“误读”。有位朋友干脆说，看看新闻，看看微博，天下大事都知道了，何必再读书？这话让人无语，也道出了阅读的困境。

《今日阅读》所践行的，或许是对阅读文化的一种尊重。如今，尊重这个词似乎也奢侈了。

◎《芳草地》

谭宗远先生是爽快人，第一次在成都见他，聊天，聊读书民刊，蛮聊得来，内容虽记不确切了，但那笑声似乎还在耳际萦绕。见面后的一两个月，就收到他主编的《芳草地》杂志。印象中，叫《芳草地》的杂志有好多种，但大多是文学性刊物，像他做得这样素雅、有格调的，还真是少见。也许是因杂志是北京市朝阳区文化馆办的，得天时地利吧。

书人书事，忆旧文章，总是篇篇见真情，比如姜德明、石湾，都在这里交流。虽是读书刊物，却偏重于人事往还，大致能看出读书人的风貌和状态。去除了夸饰，将读书还原成日常生活的一种方式。这在读书民刊中也是一种特色。

《芳草地》更像是一个百花争妍的园地，各种花儿竞相开放，各有各的风采，各有各的姿态。我曾做过杂志，颇知做一份好刊物的不易，自然对这样的风景倾心。这让我想起《纽约客》所倡导的那种生活方式，跟《芳草地》有许多相像之处，多丰饶别致。

每次收到杂志，读完之后都少不得写一段文字放在博客上，也许谭先生能看到，于是就疏于问候了。其实，作为读者，在阅读中得到些许享受，就是对编者最大的尊敬。这样想着，似乎又有些理由可以不通音讯了。

在《芳草地》这个园地里，思想如同自然里的花草一样，自由生长。

◎《日记杂志》

自牧主编的《日记杂志》，已有十多年的历史，最初叫《日记报》，大概是因报纸保存不易的缘故，改为杂志了。以前，山西有本《青少年日记》，我猜，或许是因这个才有了办《日记报》的想法。

但不管怎样，因为做《日记报》，多少也促进了日记研究。偶尔还会做一期半月日谱的特刊，请不同的作者记录下生存、阅读的状况，也有味。但因是发表的作品，是不是缺少了点真，也是应考虑的问题。

我接触《日记杂志》不太多，但一直在关注它的发展变化。《日记杂志》总的来说，是自牧一个人在做，其间的组稿、约稿，都有许多故事可言。但说实在的，要想靠这个挣得名利，还真是不大容易。所以，自牧就更有点像传教士一样，把日记文化传承下来。

读书民刊大都生存不易，自牧在济南，有官方背景，资金想来不会太短缺。做这个虽只是兴趣，但也得有耐心。我见过自牧一回，却不太像办杂志的人，可想着日记当中的种种细节，出自一位大汉之手，多少让人觉得传奇。

像我这样疏于记日记的家伙，大概只有旁观的份儿，在阅读日记的过程中窥探几分奥秘。自牧做《日记杂志》，是不是也有类似的想法，不得而知。但我想，他也多半是想从这里窥探读书人的隐秘心曲吧。

◎《日记闲话》

北京爱书家康健先生研究名人与日记，连续出版相关的书数种，可惜一直无缘得见。最近通过网络联系上了，他寄来了新著，还赠了一份十六开的《日记闲话》。

这《日记闲话》，虽然每期只有两个页码，数条内容，偶尔配发书影或相关照片，数量不是特别大。但内容却小中见大，分享日记当中的精彩，比如记录吴奔星的话："什么都可以建立一门科学，唯独日记不能搞什么日记学，因为科学是有规律的，唯独日记没有规律。"更记录不少名作家、教授对日记的见解。

康健寄来的《日记闲话》，从第 1 期到第 15 期，共有 130 条闲话，花费了半年的时间，可见整理得不易。以独力研究日记，记录日记中的掌故与片断，虽只鳞片爪，足可见微知著。但在社会动荡中，日记又有可能成为"罪状"，钱锺书有一段日记是将学术与私事混杂在一起写的。后来，他用小剪刀将日记中的私事部分剪掉了，只留下支离破碎的笔记部分。这类的事在那个时代是屡见不鲜的。这也是日记史的一部分，凸显出的是资料的真实与可靠。

日记闲话，看似散淡，实则是反映社会变迁中的个人史。日记所记录下的种种，弥补了不少正史中的不足和疑惑。康健打捞出的日记，方便让有心人按图索骥，找到历史的些许真相或成为可能。这可真是功德无量的事。

◎《清泉部落》

内蒙古这样偏远的地方，在印象中，文化似乎不是特别丰富。可那里有个内蒙古藏书家协会，协会还办有一份报纸，叫《清泉》，这清泉一名是对西北沙漠化的对抗。最早，这报纸是内蒙古泽则书友会会刊。我接触的时候，报纸改名为《清泉部落》。

其主编张阿泉，是才子，也是读书种子。他编报纸，重的是版面干净，常常是一版一篇文章了事。所以看上去疏朗，但信息量总觉得少了点。前几年，报纸还正常出版，我也偶尔写稿。后来，消息少了，想必是难以做下去了吧。

有一回，我在成都见张阿泉，聊起《清泉部落》，他说还在办。怎么长期看不到报纸呢？原因不外乎组稿不易、办报的资金短缺。可这也是当下大多数读书民刊的状态。

2006 年，读书民刊年会由《清泉部落》牵头，在内蒙古举行。参会的人多，但后来批评意见不少。张阿泉基本上还是属于文人气质。人多，难免照顾不周，就给人一种厚此薄彼之感。可这也不能说《清泉部落》不怎么样。

在西北，《清泉部落》的存在，就像是一个意象，未必非得有多大的实际价值。报纸做得有一搭没一搭，也不是什么坏事。反正不属于正规出版物，只要能将这种精神延续下去，就成了。

◎《书脉》

古农早先在济南做《日记报》，做得很有味道。2007 年，他到北京做了《书脉》杂志。杂志很小众，文章大都是读书圈子里的作品，内容跟书相关就成，其中有个特色是每期给一位读书人做个小专辑。

在创刊词里，他说，一切因阅读而可能。在大家都在想着赚钱的时候，杂志却在追求“使优美和深思获得应有的尊重”。对读书人来说，“书脉，是你的第二个书房，是分享的”。这很美好，不免让人想起黑夜里，有一束温暖的灯光照着回家的路。

《书脉》做了一两年，偶尔也做一下专题，比如纪念刘绍棠的专刊，但这一种以阅读抵抗荒诞的方式，多少有点另类。后来，杂志就不见了踪影，做杂志之艰难，可想而知。大概过了一两年，古农跟一家报纸合作做《书脉周刊》，继续着《书脉》的梦想。可做报纸显然也不大容易，人员流动很大，也偶尔闹出一些笑话。

看古农这样坚持不懈，周围的朋友不免替他着急。做个不挣钱的杂志，又有啥意思呢？名固然重要，可白白地花钱，却做不出让读书人满意的事来，也是件麻烦的事。如果拿这钱去开家饭馆，收获的可是真金白银，远比这《书脉周刊》实在得多。

但愿《书脉》的书香能绵延不绝。书香的延续，或许是古农的理想，可在这个越来越物化的时代，他就像堂吉诃德一样，就算是冒险，也会继续走下去的。

◎《书友》

我接触《书友》报还是在 2005 年，那时我也偶尔写点读书短文，偶然看到报纸，按照报上的邮箱地址发去了一篇短文，很快地刊登了出来。如此，就有了来往。

《书友》是十堰市新华书店主办的一份四开小报。报上有谷林先生的书简专栏，读来有味。后来，这一块结集成《谷林书简》出版。不过，经由《书友》接触读书民刊，再扩大范围，也就形成了一个小小的读书圈。

《书友》报难得的是在首版有一个言论专栏，就当下的读书话题发表议论，颇引人注目。后来，我认识了编辑李传新先生，他是退休以后编报，还由此写了书话集《初版本》。像他这样，能写，又能编，且编得不落俗套，也是一景。

后来《书友》因人事变动停刊了。过了一年，再复刊，再后来，又因为企业改制，彻底地不办了。那天，我去十堰玩，跟李传新先生喝酒闲聊，说时下的读书民刊，形成小圈子的多，而多一点开放就难了。他也感叹，颇怀念《书友》岁月。

一份报纸若能让人多年以后还惦念，那准是一份不错的报纸。对《书友》的情结，其实是对美好阅读时光的缅怀。

◎《尔雅》

一

在四川震灾中，收到《尔雅》试刊号、创刊号毛边本两册。以前也曾收到毛边本的书刊，很是享受边裁书边阅读的趣味。在每天躲地震的过程中，读几页《尔雅》，如沐春风，连那丝慌乱都不见了。

《尔雅》以太仓历史文化为轴心，展现的是这一地区的风土人情，极有史料价值。以前，对太仓县不是很了解，至于风物民情更是知之甚少，大抵是自己过于懒惰，不肯多读书的缘故。

在今天，一个城市名片断断是少不了文化的，特别是乡贤文献，更是不可或缺。现在，人们趋向于浮躁，常常忽略于这样的乡土细节，而这恰是一个地方最根本的体现，上升到城市精神也是无妨的。

民刊现在越出越多，这是好事，可以弥补正规刊物的不足。不仅如此，它记录的内容更为宽泛，其价值也正在这里。如此看《尔雅》，也就是大刊了。“小”的是开本，“大”的是人文。

二

我接触太仓的《尔雅》杂志好些年了。每年都是零零散散地收到一些，总体印象是做得精致，封面古朴，不定期地做一些地方文化专题。每期一百多个页码，却能将内容做得活色生香，这样的杂志倘若称为地方风物类的也算得上吧。

南京的徐雁教授参与创办的读书刊物众多，这是较早的一种。之所以参与《尔雅》，源于他是太仓籍人士。这倒让人想起古绅士的人文情怀，在外为官多年，还是选择告老还乡，在熟悉的乡土上传承一方文化来。

《尔雅》原是我国最早的一部考释古代词义名物的书，现存十九篇。“尔雅”是词典，也是儒家经典“十三经”之一。“尔雅”由词典而经典，它是中国书籍文明的一种象征，象征着个人学养的书卷气，家庭教养的书香味，乃至社会修养的书文化。此外，明代太仓籍大文学家、史学家王世贞的私家藏书楼亦以“尔雅”命名。

《尔雅》杂志内容大致分为：娄东乡土民俗人情的回忆性散文、太仓历史文化的随笔性文字和研究性文章，以及太仓文化活动风貌的各种文讯；有在太仓图书馆、乡镇文化站图书室等读书的回忆性文章；外地人士所写有关太仓的文章和太仓人所写的有关历史人文的文章；太仓名家、普通读者的书籍推荐、藏书经历、以书会友等内容；可读性与思想性、文艺性俱佳的各种新书、好书的评价等等。《尔雅》还被中国图书馆学会阅读推广委员会指定为“书香园地”期刊之一。

《尔雅》所传承的是一方人文情怀，由此我也记住了太仓这个地方。

◎《梧桐影》

一

办民刊难，办读书民刊更难。因为一缺经费，二缺好稿子。所以，做一份让人满意的读书民刊，颇为不易。书友夏春锦在浙江桐乡做了个梧桐阅社，操持一份《梧桐影》。起初，我还以为他是玩票性质，不过是找一个发表言论的平台罢了。却不料，一期接一期地做了下来，这种精神，让人意外又惊喜。

在《梧桐影》创刊之时，因为做《天涯读书周刊》的缘故，我也给夏君提供了一些建议。但说来都是这些年观察读书民刊的体会罢了，并没有多少新见。读书民刊的内容大致与书相关，但要想留下好印象，得在栏目上创新，并有好内容才成。比如书人访谈系列当中的采访民刊主编，大致能看出不同的民刊存在的状态。微博荐书，以洗练的文字推荐好书，也是有意思的事，至少可以容纳不同的好书进来（杂志需要杂一点才好）。

不过，要想把杂志办得出类拔萃，而不和其他杂志同质化，十分困难。毕竟读书圈子就那么大，如何挖掘出好稿子得费尽心机才成。这里要说，爱书人和读书人还是有几分差异，爱书人所写的文章固然灵活，可内容显得浮浅一些，而读书人对书的内容能触类旁通，自然说出来的话有几分重量。但像读书日记一类的文章，实在是吸引不了多少目光，尽管前有《开卷闲话》《书虫日记》《笑我贩书》，那绝不是泛泛的记录。这样说，是在《梧桐影》里看到了其他杂志的身影。

《梧桐影》的宗旨是“以书会友，以友辅仁，分享悦读，传播书香”。这当然没有错，可在杂志中如何体现出来，却是一个问题。比如对书的选择，应当有一个评判的标准，不能什么书都在杂志里介绍。不然，就显得鱼龙混杂。我当然理解杂志在组稿时的艰难。毕竟是新生的杂志，又无稿酬，对很多作者来说，恐怕很难接受“现实”。

在这样的背景下，《梧桐影》以季刊的方式出版，实在是难得。一份好的刊物离不开读书人的支持，这不仅是在经费上，也包括在内容里。但照目前的趋势看，《梧桐影》需要努力的地方依然很多，但也更让人期待。这其实反映了80后读书人的状态，虽然小众，但总归是能让人看到阅读的希望。

二

南京大学徐雁先生在《梧桐影》创刊号上说：“一个小康型的现代化城市，除了有‘市民的公共书房’——中心图书馆，企业化的书城、书店外，还应该有若干具有未成年人特质的‘少儿图书馆’，有散布于居民群落间的社区阅览室，有散落在街头巷尾的新、旧书摊，有散见于各种信息载体上的报纸读书版、导读小杂志、网络阅读交流空间。而桐乡文友、作家夏春锦创意主持的《梧桐影》，堪谓应其运而得其时也。”

作为后起之秀的《梧桐影》创办于2012年，杂志做得灵活，这跟执行主编夏春锦的想法是分不开的。他时常就杂志的内容、方向等问题向读书大家请教，因之，在办刊经验上就更胜其他杂志一筹。将一些“先进经验”运用到杂志上，自然就容易做得更为出彩一些。

《梧桐影》栏目分为：“芸窗书谈”“书林折枝”“书山寻径”“江南拾遗”“阅社内外”“书人荐书”等，注重的是阅读氛围的培养。杂志是浙江桐乡的一个名为梧桐阅社的自发性读书沙龙的刊物。这本杂志以发表书评、书话、读书随笔为主，突显读书刊物的特色，兼及诗词、地方文史类文章。这样的杂志做起来容易，但坚持下来颇难，组稿、经费压力自不待言，跟当地的读书氛围也有关系。杂志如今已出版五期，除了出杂志，还做了读书沙龙，最近又有计划做一个“阅读文库”系列，《梧桐影》所做的虽只是书香社会中的小事，却是影响地方文化的大事。

◎《崇文》

十堰新华书店的黄成勇先生被调到湖北新华书店集团以后，很快办了一份杂志，名为《崇文》，那是2006年的事。杂志每期六十余页，事关读书的种种。杂志之所以名为《崇文》，我猜是因为武汉有个崇文书局，以及崇文广场的缘故吧。

看其宗旨，不难想象其办刊的方向：组织作者撰写出版始末、版本变迁，记载书的命运、遭遇，叙述求书的经历心声，描绘书市风景，乃至书林掌故、文人琐事、藏书题跋，书肆、书贾、书价、藏家的种种见解与趣事，都可以书话这种形式为读者提供读书乐趣，同时推荐湖北版的图书精品。

原《书友》报编辑李传新，此时兼任《崇文》特约编辑。他说，创刊号上发表了关于书店的一组文章颇具情趣。熊召政、龚明德、周翼南、辛丰年、王跃文、止庵、陈子善、王稼句、徐雁、徐鲁、沈胜衣等省内外20余位作家、学者，特意为首期《崇文》撰稿。我也写了篇《复还的喜悦》，介绍谷林老人的《书简三叠》。

仔细检阅手头的各期杂志，不难发现《崇文》的作者阵容颇为强大，不少书话老人、新锐都在这里一一亮相。但总体感觉跟《开卷》等刊物的风格有些相似，这并非说作者只能为一家刊物撰稿，而是作者在不同的平台上，应当各自舞出自己的一片天地。

《崇文》杂志初为月刊，出了一些之后，于2006年年底改为双月刊，大概在2008年，终于停掉。及至2010年，听说又在出新的刊物，可惜未曾看到，不知状况如何了。

现在的湖北新华书店集团依然办有一份名为《湖北图书发行》的报刊，内容大多为书店业务的介绍，兼有考据或文坛掌故之类的文章。这是一份业务的报刊，对很多读书人来说，可能价值并不是太大。但对于研究书店的变迁史，窃以为还是有许多价值的。

◎《点滴》

上海巴金故居编有读书杂志《点滴》，这本创刊于2008年的杂志，里面的栏目也很有意思，比如“还魂草”“梦与醉”“怀念集”“短简”“真话集”“憩园”“无题集”等，内容大都与巴金相关，同时，还兼顾巴金与文朋诗友的来往。

现在研究现代文学的人多，内容也极丰，单就巴金和他的朋友们，就有无数的话题可以探讨，比如他跟曹禺、辛笛等人的通信与交往，从那点点滴滴中大致可以看出当时的文坛状况。杂志的可读性并不是指八卦绯闻之类的玩意儿，在《点滴》里，既有史料，也有对文本的分析，更有在某些疑点上的探寻。这样的研究看似琐碎，却构成了现代文学的全景图。

周立民君主持《点滴》，选文严格，而又有趣味。也正是这样，杂志的风格趋于统一，相对于芜杂的文坛，这里可算是一方净土。《点滴》也开设专栏，譬如“民刊传奇”（读书民刊主编谈杂志）、“甘棠之华”（周立民）、“梅川札记”（陈子善）、“晴窗分茶”（张新颖）、“藏札零墨”（朱祖熹）等等，让杂志活色生香，透出浓浓的文化气息。

有意思的是，《点滴》还分为平装、毛边两种。杂志做毛边本的还不多见。而边读边裁是读书人的趣味，《点滴》汇聚的与其说是文化的力量，不如说是在谋求文化上的理想，在那里，阅读也变得惬意一点了。

◎《读读书》

读读书，是美好的事，犹如阳光，犹如雨露。所以，江阴市图书馆办的《读读书》，取其简单之意，并没有太多的夸饰，就像一种简单的生活方式。这份杂志在 2009 年 1 月创刊，是季刊，每期的页码也不固定，想必是跟稿件的多少有些关系。

主编陈蓉在创刊号上说："现在，让读读书这样平凡、普通、不张扬，甚至并不引人注目的举动成为这个时代应有的姿态，把它融入生活，融入内心，成为不可替代，并在延续、进步、补充和完善中，确定我们个性化、坚定化的人生态度。"这份坚持一直到今天，未曾改变。《读读书》设有"在写书""在读书""在书房""在生活"等栏目，侧重当地的读书风貌展现。在创刊号上也有书房设计和展示，这在以后就不见了。整本杂志版面设计新潮，这跟时下的大多读书刊物有些差异。每年的年终也会做一些好书盘点。杂志得简洁之美，却在容量上有所折扣。

童银舫先生说他收到一期杂志，"但在封二见到大黑字'征稿启示'（启示应作'启事'），感到有点刺眼"。这样的错误似可避免，可一份刊物的出版总是要经历这样那样的困难，好在每期杂志都有进步。令人高兴的是，江阴市图书馆网上有电子版，这也方便异地读者阅读，无疑为传统的读书刊物找到了新的展阅窗口。

◎《读书人》

早些年，画家阿年在成都做杂志，做《东方藏书票》，做《读书人》。那些年，读书刊物还不像今天这样多，杂志内容事关阅读的种种，书人书事当然不可少，但大都是属于书话的一种，书评或严肃的图书评论，却绝少见到。这可能跟主编的阅读趣味相关。

我知道《读书人》，是逛旧书摊偶遇的结果。那时《读书人》《读书》《随笔》《文史知识》之类的杂志，差不多一元一册，多买还可再优惠。买了几期之后，就在旧书摊上寻觅，但似乎总难以遇到。《读书人》最初是内部刊号印刷，再后来改为香港书刊号出版，但好像关注的人不是很多。

上网查资料才知道，《读书人》1992 年创刊，2001 年再版，此时的杂志以散文、随笔为主，内容涉及生活、历史、书画、摄影、书籍、旅游……改版后的《读书人》得到了许多当代作家、画家的支持。这杂志似乎应该称为文艺杂志才是。前段时间，逛旧书摊，有一大叠《读书人》打包卖，当时未买下，后来就再也寻不见了。

关注读书人的生活，即是关注阅读的未来。在今天，读书人所面临的压力和机遇与以往的读书人有差异，比如 70 后、80 后在面临就业、住房方面，能过得舒适，还坚持阅读的是占少数，毕竟得先照顾好身体，才能有精力去照顾灵魂。

一晃又是两年过去了。好久没有见到新的《读书人》了，怪想念的。

◎《乐读》

做读书刊物，不仅仅是要有兴趣，还要有毅力。无锡的陆阳先生在今年初，独力创办《乐读》杂志，每期印量三五百册，着力弘扬书香文化，也别有风味。

《乐读》大概是取义为快乐的阅读，栏目分类上有“书人素描”“书窗谈艺”“书山寻径”“书林折枝”“书前书后”等，还有关注无锡地方文化的“书香梁溪”，营造出一个浓浓的阅读氛围。曾有幸在无锡跟陆先生交流，起初还以为是争取阅读的话语平台，但仔细想想，这可真是小看了《乐读》，须知，做这样的一份刊物，内容质量差了，怕是连捧场的人都稀少。好在陆先生以做实事为己任，每期按照自己的设想做得有声有色。

新杂志初看大都是喝彩声一片，但这开场的戏易唱，如何将刊物保持风格和质量却是一种考验。但这对陆先生来说，不是难事。这皆因他本身就是读书人，每年总有几种著作问世，虽是关注无锡地方文化，却很有特色。做《乐读》，不过是想团结一批书友，繁荣一方地方文化罢了。

很多读书刊物之所以能创办，并持续做下来，离不开对地方文化的热爱。《乐读》是读出一份心境、一份自然，至于其中的得失如何，倒不必太计较，毕竟这是个阅读多元化的时代，有书可读，有杂志可赏，对读书人来说，都是开心的事。

◎《流金》

知道一个地方可能并非是因为旅游景点或文化名人，而是那里有朋友，比如嘉善，就是因为知道梦之仪才有了关注。梦之仪是《点滴》杂志的特约编辑，在嘉善成立了流金文学社，并编《流金》杂志，这是很了不起的事。

说了不起当然不仅仅是因为编刊物，梦之仪还有正式工作要做，同时兼顾写作。她跟另两位朋友出的文集《映雪集》，每年一种，也有味。这当然都跟《流金》有关。不过，这杂志最早是网刊，而在创刊号上，有编者说："我们来自嘉善县财政地税国资局，工作之余，我们希望自己的脚步别那么匆促，偶尔也能够静下来，老老实实地把生活一本一幅慢慢地看，用我们的心细细品尝，深深回味，并把愉美的刹那，感动的心情，一字一句，勤劳不倦地做成生活之细笔。流光文学社成立于2010年年末，《流金》主要选取流金文学社社员的优秀作品，也在系统内外征集了优秀作品，致力于打造分量重、体裁丰富、作者阵容强大的纯文学小刊物，并配以摄影、剪纸、书画等多项内容来丰富本刊。"

《流金》虽每期只有七八十页，却内容丰富，诗歌、评论、散文随笔都有，也有读书、养生等方面的话题。有时，我们习惯于将阅读狭隘化，总觉得读书才是真正的阅读，但在现实生活中，包含的却更多一些，手机阅读、网络阅读都是其中之一。

编者云："《流金》所录作品，虽无鸿篇巨制，但却实实在在地撷取作者生活中的点滴，简单而真实，自然而纯粹，源于生活但却高于生活。”而这正是杂志最打动人心的地方吧。

◎《毛边书讯》

这几年，毛边书甚流行，不管是怎样的书，是不是适合做毛边书，都会做一册出来，附庸风雅。早在 2004 年 12 月，成都书店老板傅天斌就做了本《毛边书讯》，可谓开风气之先。他的书店叫毛边书局，可见是要将毛边书进行到底了。

《毛边书讯》继承的是鲁迅、郑振铎一辈的毛边风格，但从栏目设计上看，倒也跟时下的读书刊物有几许类似之处：“民间书声”“藏书票风景”“旧书香成都”“淘书故事”“书讯答客问”……其实，栏目设计是一回事，内容则更为关键，没有品位，栏目再好，也绝不是一本上档次的刊物。

不过，设想虽好，杂志要运行下去，也颇为费力。所以，《毛边书讯》一直处于试刊状态，连续有四期如此。试刊也得到一些读书人的大力支持，比如试刊一号上有来新夏、何满子、王春瑜、高信的题词，龚明德先生专门撰写了发刊词《龚明德寄语》，流沙河先生则题写刊名。后来出刊的是试刊三、四期合刊，再就没了消息。想来，甚为可惜。

《毛边书讯》也做过开创性的工作，比如它曾开有一个“民间书声——民间读书报刊人物录”的专栏，将这些幕后人物推到了前台，让我们既了解了他们的过去，又了解了他们的现在。而“旧书香成都”则钩沉老成都的书人书事，假以时日，必有可观的成绩。如今，《毛边书讯》虽已消失了，却让人怀想。且记在这里，期待有识之士能继续毛边书的因缘。

◎《民间书声》

2004年，襄阳人张哲创办了中国旧书网，四年之后，他着手做读书刊物《民间书声》。他说，“因为是与网站捆绑一体的刊物，读者群体比较复杂，所以，所选稿件的内容、风格和文字水平并不保持整体上的一致性，雅俗共存，以尽量突出民间读书、爱书人的多样性，特别是网站经营、服务店主与网友等特点，在今后将逐步成为本刊的一大特色。”

我见到的《民间书声》是一期试刊号。即便是这期杂志也显示出了气象：钟叔河先生题写了刊名，虎闱、龚明德、李传新赐稿并提出了指导性意见和建议，陈子善、徐雁、桑农、汪应泽、黄成勇、张阿泉也给予了支持。从内容看，有“书边随想”“书人书事”“书声琅琅”“淘书过瘾”“店主平台”“网站动态”等版块，文章短小精悍，容量较大，几乎将读书、淘书、网站等内容都纳入杂志中来。

倘若这本杂志继续做下去，将是民间读书的一道风景，网站也有可能成为另外一个孔夫子旧书网。杂志执行主编龚明俊后来在文章中说：“可惜因为资金困境，‘试刊号’后再无声音。”这其间的曲折故事也不少，张哲在2009年遭遇车祸，“两三个月之后，经过几次大手术，他才有意识，但眼前的人几乎一个也不认识了。半年之后才开始恢复记忆，一年多后才慢慢认识他的熟人。”

中国旧书网也因此衰落。如今的张哲继续在襄阳开着旧书店，《民间书声》以另外一种形式存在着。

◎《名堂》

读书刊物关注的世相涉及的内容颇多，比如书信、日记、毛笔都有刊物专门介绍过。2012年，山西戏剧家协会创办了《名堂》。什么事物似乎都有一个名字，主编刘涛说，这些名字怎么来的，探究起来，都有来历，都有故事，都有说法，都有讲究。总之，都有名堂。

《名堂》的栏目有“名人斋号”“文人笔名”“名号文化”“名章闲印”“老字号”等十多个栏目，这等做法，几乎将与名字有关的内容一网打尽。而且，这些名字除了研究者的关注，也有亲历者的自述，来源可靠，又增加了可读性。不板着面孔说话，才是读书刊物应有的姿态，各色人物竞相登场，也就如舞台一般，能吸引不同的观众了。

《名堂》迄今出版四期，反响良好。雅俗共赏的风格，让不同的读者在这里寻找到不同的故事，也就能生发出更多的“名堂”来。按刘涛的话来说，旨在挖掘中国起名文化的底蕴与内涵，探索起名文化的价值与意义，弘扬中国起名文化和命名艺术，增进生活意趣。但这其中的名堂要总结起来似乎大为不易，毕竟名字的来源因时因地而产生，一旦脱离了当时的环境，探究起来就颇为困难。但这正是探索名堂带来的阅读乐趣。

名字，看似小事，实则很有意味。这其中的名堂也是大有学问的，随便一解释，都可以成为一种解读名字的方式。这解读，对与错都没关系，关键是解读得有趣又有味才好。

◎《品报》

在澳门有一份报纸叫《品报》，推广澳门的美食，也宣传澳门旅游业和文化。在天津也有一份《品报》，系民国通俗小说研究馆编，内容以民国通俗文学研究为主。

民国文化林林总总，可谈的范围很广，举凡文化艺术大都可以专门讨论，有些看似影响日渐减少，却还是能在今天找到影子。通俗文学更是如此，《品报》的介入点当然不只是挖掘通俗文学的表面现象，而是通过这个点走进民国。

《品报》由王振良、张元卿主事创办于2010年，双月刊，单月出版。内容以介绍新史料、通报新信息为主，短篇学术性随笔、札记等文体也不局限，大多以专题或专辑的形式出现，并以开放的姿态办报，将民国通俗文学放到现代文学里去观察，也有不少新意。

有时感慨现在的学者做学问可能更热衷于显学之类的，这类研究容易引人关注，也更容易成功，但看多了这类文字，真是觉得遗憾。像《品报》这样的研究还真是少了点，这可能既有兴趣的局限，也有对史料研究的缺乏。说白了，做这样的研究几乎是公益性的，《品报》却能够坚持每期出版，真是大不容易。

《品报》品的是传统，是日常生活的一部分，这样的研究多一些，也是读书人的幸事。至少这能给民国史打开一扇窗，让人窥见民国的种种，“民国是活的民国，存在历史中，存在器物中，存在风度中，也存在文学中”。

◎《上林》

《上林》，在 2008 年 11 月刚创刊时叫《上林书社》，是慈溪市的上林书社读书会办的刊物。我知道这份刊物，是源于书友的介绍。上林书社虽说在慈溪办，会员可是遍及全国的。同时，杂志还做了个网站，网上交流起来很方便，人来人往，热闹非凡。

做了差不多一年多，《上林》由双月刊，改为季刊，现在好像是一年只出一期。也许是做杂志艰难吧，资金筹措、稿件组织，总需要人手去应对，作为民间刊物，常常是应接不暇，即便是起初有人热心支持，但能长期坚持，还是很不易。《上林》与其他刊物比，算不上有多少特色，更多的是关注乡邦文献、本土文化。后来，又延伸出了《上林文丛》，文丛每辑十位作者，每个作者一个印张的文章，文丛形式多样而又活泼。

虽忝为上林书社的会员，做的工作也不是很多，只是偶尔把文章发给编辑看看罢了。有空，去网站看看，也好像没人更新内容了。主编在最近的一期刊物上感叹，知道今年只出一期刊物，还是在封面上注明第一期。想想，都觉得有几分心酸。

◎《书林驿》

南京是书香之城，有著名的先锋书店，读书刊物除了《开卷》，还有《阅微》《译林书评》几种。2013年10月，《书林驿》推出试刊号，这是由南京邮电大学图书馆主编的一份内部导读小杂志，是中国阅读学研究会和中国图书馆学会阅读推广委员会指定的书香园地，季刊。杂志封面设计师为“中国最美的书”设计师周晨，有意思的是，《开卷》的设计师是另一位“中国最美的书”设计师速泰熙。

在栏目设计上，《书林驿》设有“书林杂谈吧”“驿站导读榜”“学友荐书录”和“驿缘文化站”四个栏目。“书林杂谈吧”每期针对一个有关阅读的话题，收录相关的杂文、随笔、评论类的文章；“驿站导读榜”针对一批对大学生阅读起积极导向作用的图书，收录相关推介性书评；“学友荐书录”鼓励大学生相互荐书；“驿缘文化站”收录与南京邮电大学图书馆文化建设相关的文章。

作为大学里的一份读书刊物，《书林驿》力求成为图书馆与读者进行友好沟通的“书林驿站”，努力营造科技与人文并存的校园文化氛围，展现图书馆“传播学术资讯，增殖知识财富，以书育人化人”的精神风貌。我在微阅读中说：“阅读是一生的事。导读，对在校学生尤其有用，推荐怎样的书，也要考虑不同学生的阅读趣味。但如何能培养读者的阅读趣味，是潜移默化的过程，不仅需要专业指导，也需要思想上的交锋。”

◎《书人》

书人萧金鉴（网名毕竟东）退休之后，操持着《书人》杂志，杂志开本小，内容却不轻。2003年创办的《书人》，系弘道文化传媒有限公司读书人俱乐部会刊，后来由岳麓书社主办。这其中的甘苦曲折，怕是只有萧先生才知晓了。

萧先生办杂志认真，约稿、编稿，乐此不疲。他常常跟作者讨论稿件，也会在每期杂志上给不同的读书人做小专题，四五篇文章，活色生香，又能见证读书人的风貌，真好。哪怕是书事书生活，他都力求公正一点、客观一点。这从藏书家彭国梁等人的读书日记里也可大致看出杂志的情形。杂志出来以后，哪怕每期杂志的经费不多，他也会给作者稿费，并且寄样刊。有一回，薛原不要稿费，萧先生回复说：“虽然稿费不多，但都是应该的，《书人》是由公司出资做的。

既然不要稿费，那就用书代替吧。”在萧先生看来，这大概都是分内事。

《书人》做得漂亮，跟萧先生的努力是分不开的。2012 年春上，萧先生病逝以后，《书人》就成了绝响。想想，似乎也是这样，刊物的组稿、编辑、邮寄，还是要有专人负责的。从出版社的成本计算来看，即便把杂志办下去，怕也是不能产生更多的经济效益了。

读书刊物，常常会遇到这样的事，也真是一种无奈吧。《书人》虽不在了，但那些册子还在，在漫长的阅读岁月中还能够缅怀。写到了这里，不由得想起萧先生的容颜来了。

◎《书香》

芜湖是书香小城。前几年，几位书友汪应泽、许进等办了份《书香》杂志，版面少，杂志小。书人书事，选文也精当。报纸定期不定期地出，好像是一期稿子齐备了，就出一期，甚至一年也就出一期。杂志没多少章法与讲究，犹如读书报刊中的玩票，做得好不好倒在其次，关键是参与。

汪应泽先生后来出了本《安徽历代藏书家事略》，想必跟此大有关系。2007 年，《书香》改为季刊，由折页变更成 40 开的小册子，内容也更为丰富，栏目分为“回音壁”“书人志”“书话谈”“序跋钞”等，偶尔还涉及书店的内容，董桥、王稼句、徐雁、许定铭等人都有文章发表，可见阵容强大，偶尔也有编后絮语，不过是对作者的介绍罢了。

在民间读书年会上，几次见到汪先生，他忙着见各样读书人物，偶有发言，也许是芜湖口音重了些，也没听大明白。但他对书的热爱是显而易见的。至于《书香》，未见他提到过新刊，想来已是停刊状态了吧。这也是办刊物中常常遇到的事，起初，大家热情高，先做几期出来再说。在做的过程中，激情褪去，意兴阑珊，热心张罗的人少了，刊物就难以为继。

《书香》虽不再，但那书香气却还在。虽然没有了有形的《书香》，阅读的风景还在。

◎《泰山书院》

山东作家阿滢主编的《泰山书院》，可能是出版最慢的一本读书刊物。2003 年，他主持《泰山周刊》时，有两个副刊版面“文学”和“读书”，后来，读书版改名为《泰山书院》。这时候也有长文发过来，阿滢就萌生了将这版块的内容办成杂志。这做法也是无奈之举，因为随后《泰山周刊》也停刊了。

做民间报刊，几乎是吃力不讨好的事，面临的问题也颇多，比如编辑校对、装帧设计都常常困扰着杂志的生存。而最大的困难则是经费，倘若没有好的资金保障，每期自然都难以很好地坚持下去。《泰山书院》出刊次数少，也跟此有关。出第一期杂志时有个趣闻，有位商人打算赞助印刷费，但到了杂志印刷时间，却又不想出钱了，这就致使杂志不得不改出版时间了。

杂志出来以后，反馈的信息也多，比如流沙河先生对他题写的“泰山书院”非常满意，在一次接受采访时说：“《泰山书院》我给他们写了刊头，这四个字写得稳当。我自己就从刊物上剪下来保存。真正的读书人都不喜欢张扬，这些主持民办读书类报刊的人就是这样的读书人。”

阿滢在谈杂志时说，许多杂志创刊时轰轰烈烈，时过不久，便悄无声息、销声匿迹了。《泰山书院》创刊时没有发刊辞，平静地出现在人们面前，默默地为社会传播书香，艰难地向前迈进着。

2010 年，《泰山书院》出了第四期。好久没见到新刊，我想一定是在酝酿中了，只是需要一个好的机缘再亮相吧。

◎《文笔》

提到读书刊物，不能不提到《文笔》。这是江西进贤文港镇的毛笔史研究学者邹农耕主编的，内容以毛笔、书法、绘画、读书为主要内容，精彩，又有灵气，读来颇有收益。其中的文坛掌故，也耐人寻味。

《文笔》创刊于 2007 年 8 月。我读到还是最近一两年的事。南昌的萧轶兄给我寄了一大包《文笔》，才得以系统阅读杂志。再后来，认识张国功先生，他跟长沙的萧金鉴先生主持《文笔》具体编务，也曾邀稿，惜乎对毛笔文化研究无多，也就作罢。

典雅的杂志之外，《文笔》还出了张小报，名曰《农耕笔庄鱼素》，记录的是书人书事，还有鱼雁往还，每期一张，记录一两个大小故事，有点像《开卷闲话》或《笑我贩书》。除了记事之外，更侧重个人的性情记录。有段时间，我突发奇想，是否可将这个系列出版成一册书，也是极有意味的。农耕先生说，鱼素没有存底，任其散落，有心人存之。但想想这样散落下去，实在是可惜了。

听说文化老人钟叔河先生也想着推荐出版。后来我问问身边的朋友，没人有一套完整的藏品的。也许这正符合《文笔》的旨趣，不管书画还是书册，不都是那样遇到随缘的人吗？有缘的人可能觉得是个宝，没有缘分的人遇到怕也是熟视无睹。原本做任何事，都可以平常心看待，得与失，也并非那么要紧。由此我想到，在林林总总的读书刊物中，做到这一份平常心，也真是难得。

◎《湘江边的旧书摊》

一个城市没有书店、旧书摊，对爱书人来说，是寂寞的。2011 年 6 月 15 日，“书友会”第一次在株洲河西的湘江堤岸上摆摊，只有 6 个人，后来搬迁到火车头广场附近的堤岸上，最后搬迁到沙滩边。舒凡是主持者，那以后，这旧书摊几乎每周星期二亮相，成为湘江边的新风景。

舒凡主编的《湘江边的旧书摊》由此而诞生，一份八开的小报，四个版面，凝聚了湘江边的旧书摊的风姿，书人书事更是少不得，由此认识了麻袋贩书、兰祁峰等众多书友，还遇见天涯书友书度年华。通过两三年的发展，已有近60个摊位，整齐地摆放着琳琅满目的古旧图书，一直延伸至二三百米外。旧书摊的动态在报纸上也时有反映。说到底，书人书情最能惹人心动，特别是遇见中意的好书……有时，我们逛旧书摊，正是享受那淘书的过程。

倘若不是这份报纸，恐怕很多外地爱书人无法了解到株洲的旧书摊。毕竟在湖南，谈文化传统、谈名人故事，许多地方都比株洲要更有名，但因了旧书摊，让人对株洲多了一种文化的理解，这是当下的，倘若有时间，真该跟着《湘江边的旧书摊》去走访一回。

这份报纸虽是不定期出版，却涵盖了株洲的文化交流、讲座、旧书摊等内容，甚至连外地的书友也在报上亮相。不仅如此，报纸还依托株洲新闻网上的“书友会”论坛组织线上活动。如此两方面相结合，既有声势，又能惠及当地读者，成了株洲的一道人文风景线。

◎《轩客会》

两年前，新华文轩打造小书店——轩客·格调书店，以适应更激烈的书店业，并计划在三五年之内开一百家小书店。这事说来简单，新华文轩的品牌在，开店是轻而易举的事，但书店的灵活经营是关键。因此，书店就筹划一本刊物，做书店品牌的营销与宣传。

《轩客会》杂志就是这样出炉的。流沙河先生说轩客会是“经营一个书店所应做的事情”，即为开放的交流、自由的阅读。而这本杂志的内容自是关于阅读的，比如阅读现象、阅读生活、海峡两岸暨香港、澳门的新书、藏书票、读书人的文玩，都有兼顾，还针对本土文化做出种种探讨，比如对藏书楼的关注。出版人吴鸿做出版近三十年，经验丰富，他虽为挂名监制，但在杂志运行中却似主编，身兼数职，杂志内容、装帧版式，无不考究，因此，杂志出来以后反响良好。

版式疏朗、大气，又能与阅读潮流接轨，即便是书人书事也来得气派一些。读书刊物要说好做，也好做，说难做，也真难，主要是看主持者的气度与风范，以及做杂志的经验。说到底，读书就是那一档子事，能做得精彩纷呈也是一种本事。

《轩客会》在不同书店所办的众多刊物中，算较有特色的一种。虽然在轩客会书店里看不到刊物（因出版周期的缘故），但却让人期待，真不知道，下一期又有怎样的精彩。

◎《易读》

接触《易读》有些偶然。今年初，《悦读时代》主编徐玉福代杂志约一篇稿，如此就有了接触，编辑刚好又寄来了之前的杂志，系统地阅读一回，真切地感受到了东莞的阅读风气。

这是东莞图书馆在2011年办的一份季刊，杂志每期关注一个主题，紧扣时代脉搏，推广社会阅读。从主题上，关注的对象包括发现童年、汉字之美、故乡、中国味、在路上、瘟疫与文明等。这样的方式，在读书刊物中还真是少见。除此之外，栏目还包括阅读前沿、人间书话、E读、书香社会、易读社区等内容。内容真是洋洋大观，丰富多彩。

《易读》副主编冯玲说，阅读的意义在于求知交流和精神享受，阅读的动力在于好奇和兴趣。阅读看似个人的事，但倘若不交流，也会给人封闭的感觉。在沿海城市，许多是开风气之先。比如在东莞，就有《易读》和《悦读时代》等杂志；而在深圳，大大小小的读书会也有好多类型，“深圳读书月”更是成了文化品牌。出版人俞晓群说：“面对种种疑惑，我却想到深圳的读书月活动，一个貌似政绩工程的设计，一个毫无投机取巧的操作、一个最易半途而废的事情，他们竟然默默地做了十四年！这才是奇迹发生的根本所在。”

我们常常会说，阅读即坚持一种生活方式。《易读》所倡导的阅读理念，看似微小，其实是希望更多的人在阅读中找到乐趣。只是更多的时候，人们因为周边的浮躁氛围，又缺乏抵制诱惑的力量，哪怕是再容易阅读的书，也不肯翻开。这是面对美好生活的一种逃避。

◎《农耕笔庄鱼素》

江西进贤的邹农耕先生开有“农耕笔庄”，却不仅仅当成生意来做，闲暇还记录一些文人雅士的掌故，甚至于装神弄鬼的事，都记录在四开的《农耕笔庄鱼素》里。这份小报也不分栏目，逐日随手而记，却有自己的趣味。

农耕先生记事，讲究性情，寥寥几笔，就勾勒出事物的形状样貌，如某画报的记者，推介毛笔文化博物馆，敬而以拒，真是可读可赏。读这样的文字，真想跟更多的人分享。于是，就询问农耕先生，这《农耕笔庄鱼素》是否可结集出个册子，让爱读的人留下更好的纪念。得到的回复是，鱼素没有存底，任其散落，有心人存之。此外，出版老人钟叔河先生也有这样的建议，惜乎自己没有一套完整的《农耕笔庄鱼素》，再问问相关的朋友，也无所得。

这真是遗憾。一张四开的小报，在很多人读来，有味归有味，读完随手放在某处，再想集中在一起就困难了。如今已出六十八札，两札合为一期，也有三十余份，收集也大为不易。但在农耕先生看来，小报印出来了，自然就有自己的命运，至于在未来会怎样，那都在其次。这一份恬淡，恰如他所言："人生得一知己足矣，斯世当以同怀视之。"（鲁迅语）此句之心境，"情"发乎于衷，但归根结底落实于"义"。农耕先生这份心境，在这个时代的读书人当中，也算异数了。

◎《阅读空间》

"3+2 读书会"是 2012 年在成都大邑新场镇成立的一个读书会。所谓 3+2，即 3 是大家，2 是爱。读书会每个月举行一次讲座，参与者众多。于是，紧跟着就办了个会刊《阅读空间》。

这杂志是季刊，最初只发表与读书会相关的内容，看上去有些单一。但随着读书会的扩散，在数个乡镇建立起了五个图书馆，杂志内容也跟着发生变化：最美风景，是读书人所汇聚的读书风景展现；讲座集萃，将每次讲座的精华做成纸质版；多维分享，邀请不同的读书人分享阅读……这样的杂志风格将青年人的阅读风采尽情地展现了出来。

《阅读空间》的总策划陈瑞生先生，既是作家，也是诗人。在杂志的风格上，自然张扬的人文气息多一些。这些年，乡村建设也频频成为话题，但如何做，还是需要更多的深思。“3+2 读书会”有活动，有杂志，从而构筑了一个乡村阅读的推广平台。不过，我觉得杂志对地方文化或传统也可做一些挖掘，使阅读活动能渗透到更多的乡村。传承地方传统文化，又跟当下相结合，就完美多了。

读书会扎根于乡村，将阅读带给更多的人，这是一种文化理想，也是对乡土文化的反馈。《阅读空间》所反映的是“3+2 读书会”的人文情怀，这也是难能可贵的风格了。

◎《艾芜故居》

艾芜先生是著名作家，2014 年是其诞生一百一十周年。为了纪念，艾先生的故乡新都清流镇计划重建他的故居，并编印一份月刊，取名为《艾芜故居恢复重建筹备委员会工作通讯》。

这份月报十六开四版，每期三四篇文章，量不算多，反映的是艾芜故居重建和研究的最新动态。月报既有工作通讯、史实小考，也有心声、有回忆，以及信息反馈，几乎涵盖了艾芜研究领域里的种种。最有特色的是，每期报纸的刊头“艾芜故居”均由藏书家或文化人书写，风格多样，这也反映了艾芜研究的多元与丰富。

关于《艾芜故居》，著名版本学家龚明德先生在致藏书家张学义的信中说：“寄上我在村镇级单位支助下弄出的学术月刊《艾芜故居恢复重建筹备委员会工作通讯》。这是热身，如果不出意外，明年六月出版《艾芜学刊》创刊号，也是我主编，但不署名。为什么？我厌恶一些办得很糟糕的民间报刊却一定有‘办刊名单’，什么‘主编’之类。我这回要坚持到底，无论出我主编的书、主编的刊，都只署‘——编委会编’。”龚先生在信中很低调，大致跟他专心做学问，不太理会名声有关。

相信这一份民刊，在以后会以扎实的态度传承艾芜的文化和品格。因为龚先生的态度跟艾芜的风格是吻合的，这也奠定了《艾芜故居》的基调：多做一些研究，少说一些空话。

◎《藏书》

南京是书香文化之城，读书风气浓厚，因而读书刊物也多。在2007年初，藏书家周瑞玉和金小明创办了《藏书》杂志，杂志做得古色古香，惹人喜爱，封面上仅有“藏书”二字，古朴典雅。

《藏书》三十二开，每期七十页左右，双月刊，由江苏省收藏家协会书报刊专业委员会主办，封二、封三有精美书影。内容以藏书、书话、古籍为主。创刊号上有徐雁（秋禾）的《雁斋有书钤印迟》、柳向东的《袁克文藏书概略》、吕澄的《我的经历与内学院发展历程》（高山彬整理）、严晓星的《“东南音乐家”凌纯声和〈霓裳羽衣〉》、邵磊的《〈毗陵出土孝建四铢拓本〉小记》、金小明的《〈书之屋叶：国民版本知见录〉补正》、伴山《书装漫笔二题》和陈谊《姑苏访书记》等文，内容确与一般读书刊物不同。这种风格一直延续，与另一册读书杂志《藏书家》相类似。

藏书家做杂志，专业、独特，这似乎也决定了杂志的命运。《藏书》杂志在出至七八期时，主办方改为南京市民间文艺家协会，随后杂志就停刊了。至于其中因由，不详。詹天灵先生说：“《藏书》确实是个很不错的杂志，品味也很好，为广大书友提供了一个平台。”里面的文章也不乏出彩之作。可惜后来还是没能坚持下去，一共只出了八期，遗憾。听说，藏书大家韦力先生将创办另一种《藏书》杂志，那又是怎样的风景，令人期待。

◎《东方藏书票》

关于藏书票的话题，总是引起爱书人的兴趣。在1999年，由著名老版画家李平凡和阿年策划创办的《东方藏书票》试刊，这是由中国香港东方艺术中心编印的一份藏书票杂志。其执行主编为著名藏书票设计师崔文川先生。杂志为十六开铜版纸彩印，制作精美，赏心悦目，于是一经试刊，风靡一时。

《东方藏书票》推出的书人书事，大都跟藏书票相关，国内的不少藏书票设计师，如白逸如、李平凡、杨可扬等都有作品在此亮相。作为季刊的《东方藏书票》旨在宣传，不重收益，在推动国内的藏书票发展上有重要的作用。除了正常出刊之外，它还相继推出了海外书票精选、当代书票精选、上海专刊等专号，集中展示了藏书票的风采。

我知道《东方藏书票》是源于经常逛旧书摊，买过几期，后来又在网上认识了崔文川先生，才了解了这本刊物更多的信息。崔先生说过其中很多比较感动的事："上海的老版画家杨可扬先生，尽管他岁数那么大，那么知名，但是他经常给我写信，提携我。并且送我书票作为支持。尽管我们的杂志还不是那么固定，但是每年可扬先生都寄杂志款过来，要订阅这本杂志。"

我国创作藏书票的队伍有数千人，而收藏书票的队伍要小得多。藏书票市场到底小众了些，所以杂志在中途也曾停刊。在停了一两年之后，继续推出新刊。在2005年出至第十七期时，再次停刊了。

◎《读品》

《读品》是李华芳、梁捷等一群热爱阅读的朋友于 2006 年情人节在上海徐家汇创立的公益书评电子刊物，每月 16 日刊行，旨在推进“阅读——记录——分享”，让读书写字成为一种生活方式，为社会公众提供新锐知识。

这本杂志刊登的内容是与书相关的评论、笔记及文化访谈，偏重社科、思想，兼顾文学与译介。杂志以高层次和高品质为追求，以去学术化和媒体化作自我要求。《读品》的栏目设置包括：社科 / 思想、文学 / 艺术、文化 / 访谈、荐书等，偶尔也会做一期专题。总体规模显现出了杂志的品位。这正如杂志所宣称的那样，其创立者便是这样一群将阅读视作生命一部分的朋友。他们读书如恒，笔耕不辍，并用自己的旨趣和品格为社会守护一种正逐渐失落的阅读精神，并在这个信息爆炸、利益至上的社会，用独立的姿态、坚定的信念、公益的精神，为高层次的文化趣味、书籍划定一块不可为流俗、商业所侵染的品质之地，成为文化生活的一个精神据点和一杆时代标尺。

除了电子杂志，《读品》2007 年夏天做了线下的沙龙。随着沙龙的扩展，有六个子系列，成为上海文化活动的重要阵地。不仅是学者、作者与读者直接交流对话的一个平台，同时也是一个开放的探讨问题的公共空间，吸引着越来越多有思想追求的年轻人汇集于此。《读品》在 2011 年 8 月底停刊。至此，上海唯一的电子阅读杂志成为绝响。

◎《独立阅读》

网络读书刊物中的翘楚《独立阅读》创刊于2007年7月，其最初的名字叫“中国独立阅读报告”，后来改名为“独立阅读”，沿用至今。杂志为月刊，每期在七八十页左右，邮件订阅，网络发行。

与普通读书刊物相比，《独立阅读》更有个性一些，其宗旨为致力于公民社会的常识阅读，且有若干条细则，如阅读报告力求独立但不宣称中立，撰写过程谢绝图书作者、出版者、发行者介入，观点尊重个人趣味，不求客观统一。独立阅读执行编辑谢绝出版机构赠书，赠书将自动排除出推荐行列。师友赠书将注明图书来源，对于相关部分，读者可以抱十倍怀疑之态度。独立阅读观察员欢迎申请加入，但谢绝出版从业人员参与。凡此等等，都在张扬阅读的个性与思想。

《独立阅读》是几位编辑轮流执行，没有主编的职位设置，而其栏目的划分也较为简洁：阅读报告、书评、随笔等，内容涵盖文学、经济、文史、影像、思想各个方面。这几年，它从小众中突围，走向公益，从一个“圈子”转变为一个“项目”。除了出版电子杂志外，《独立阅读》还举办文化沙龙，在2011年推出了《独立阅读书系》。与纯粹的阅读刊物比，这份刊物所坚守的是知识分子的良知与底线，因此，也有读者将其与20世纪80年代的《读书》相比较。

随着网络阅读的流行，《独立阅读》的风格也受到挑战。毕竟对大多数读者来说，严肃的学术，不如娱乐八卦更受欢迎一些。但《独立阅读》所倡导的阅读方式，或许才更符合阅读的精神吧。

◎《绿茶书情》

绿茶长期与阅读打交道，做过书店，编过书评版。2010 年 8 月 28 日独立创办《绿茶书情》电子月刊，月末出版，他主张“阅读需要分享”的理念。这样的电子杂志，做出来，也有意思。

在创刊词里，绿茶说：“每周，我要从大量的新书信息中，遴选出十几二十本，编写成‘一周书情’，这个工作俺已经干了很多年，而且，还将继续孜孜不倦地干下去。也因此成了一头‘书目控’，收集大量出版社的书目，如三联书店的《三联书情》、中华书局的《中华书情》、北大出版社的《博雅》、北京贝贝特的《书天堂》、新星出版社的《新星读本》等，我管这些书目叫‘书情读本’。现在，我决定把我编写的书情做成电子月刊，每月末发布，偶尔会不定期发布一些特刊。”

《绿茶书情》在后来也做过一些关于故乡、“6+1”的书单等专题，每期推书在三四十种以上，有时主推一本新书，连带着把相关的书也推荐一下，信息量蛮大。肖复兴曾评论说：“看到几期《绿茶书情》，很让我感到新鲜。面对喧嚣纷杂的世界，一个人读书的心情和思想触手可及，格外亲切，让人感动。我是还从来没看到这个个人化的读书月评。卷首语尤为耐读，每本书后条分缕析的评点，言简意赅。最大的特色是信息量大，内容极其丰富。绿茶如一位勤劳的渔夫，撒网打鱼，为我们每月捞上最值得上眼的鱼儿，免去了逛如今二八月乱穿衣的书店之乱。”

如今的《绿茶书情》改为在自媒体发布，这一种转变，是适应当下的新媒体变化吧。如今阅读的网站固然多，像《绿茶书情》这样的电子杂志少，它弥补了普通读者的选书问题，也是一件有益的事。

◎《忆石读书报》

跟畅销书研究与图书营销专家李鲆相识多年，记不得第一次来往是在哪里，他在忆石中文网主持一个读书论坛，那时我也爱在网上晃荡，就偶然进去了。刚好那时我跟几个朋友在做一份网上的读书电子杂志，受到启发，李鲆也就尝试做了一份《忆石读书报》。

《忆石读书报》在 2007 年 3 月 22 日推出创刊号，周刊。版面设计简单，栏目也只有两三个，一是读来读往，即书评书话；二是出版信息，刊发最新的图书出版信息；三是网上书店，介绍一两家网上书店，以扩大读友购书的渠道。这杂志也是做得活色生香。

做电子杂志，在内容选材上更自由一些。在创刊号上有王国华、夏雨菡、黄亚明、潘小娴、小五哥等人的文章，这些作者在以后的交往中，也都成了常来往的书友。网络所聚集的人气看似松散，实则是趣味相投，一旦觉得乏味了，大家就云散。可这并没妨碍读书与交流。

《忆石读书报》除了常规出版之外，还推出了出版专刊、作者专辑等内容。前者是向普通读者介绍出版知识，对书的认知多有评判；后者推出了王国华的专辑。在编后记里，李鲆说："除了思想性外，读他的文章也就算是读‘二手书’了。我自己没时间、精力读那些书，他读了，看看他的文章，也就算读过了。”

这份网上读书杂志出到十六期终刊。查找这份电子杂志的资料时，我才发现忆石中文网也消失两三年了，好在当时一帮爱阅读的人依然有其他交流的渠道。这才是阅读的无所不在。

◎《好书》

2005年，在成都的西安南路开了家席殊书屋，是家加盟店。《好书》是席殊好书俱乐部旗下的刊物，1997年9月创刊。杂志除了新书推介之外，还有可观的书评，书评人有苏七七、张新颖、止庵等人。

席殊书屋作为最大的连锁书店，曾有500家连锁店的规模，现由于经营问题早已云散，而《好书》的命运也多劫。十年期间，杂志分别经历了八个主编，可见维持杂志的不易。

最初的《好书》杂志推荐图书以市场为导向，市场推出的图书经过席殊导读系统专家推荐后，好书俱乐部再向会员推荐。但现在的《好书》杂志推荐图书，完全是以采购部为导向。采购部能提供什么图书，好书俱乐部就推荐什么图书。至于市场的好书，编辑部做好选题还需要征询采购部的意见，看能不能拿到货，好书俱乐部纯粹属于鸡肋的地位。后期由于组稿的困难，《好书》的推荐亦流于形式，未能传承昔日的风采。

我接触《好书》时，杂志就已经在走下坡路了，刚开始每个月还能固定拿到杂志，后来就晚了许多。那家席殊书屋也只是开了一年半载就关门了。读书俱乐部如果算起来，也是从席殊书屋开始的。但书店做杂志则是早就有的传统，倘若《好书》不是逐渐被商业味所弥漫的话，我想坚持到现在的话，也该是另一本《诚品好读》。

◎《鸿影藏书阁》

知道《五车书》报，是因北京的康健先生写过一篇介绍文章。他说："报纸只有八开大小，对折以后，分为四版，每期仅印五百份。"这是合肥一家旧书店店主张乃予编印的报纸，出了五六十期。后来我查找资料，才发现这报纸已改名为《鸿影藏书阁》了。

报纸的内容简洁，原来的二、三、四版为图书的分类广告，并非是按书的科目分类，而是以价格来算。做这个的报纸多半是兴趣，张乃予说："《五车书》停刊近两年，总第六十一期复刊时，小报改名叫《鸿影藏书阁》，这是我在孔夫子旧书网的网店名字。"复刊之后，报纸更侧重于文化意味。文章长短，都是书人书情，这也是"自说自话"，在阅读的主题之下，做得更有几分书香味。

这"五车书"是指寻书的不易，公交车、出租车、三轮车、自行车、邮车等等都曾用过的缘故。至于《鸿影藏书阁》，张乃予说："我想到《邮海鸿影》有一个栏目叫'鸿影藏书阁'，就拿来用了。"做这样的一份小报，在他看来，并不是为了迎合文化，而是有些话“不得不说”，所以，山西作家韩石山愿意题写刊名。这报纸还在继续。有时，我想所谓文化的传承，并非需要宏大的理想，而是一点一滴的小事做起来，坚持下来，也就成文化传承的一部分了。

◎《品书空间》

深圳的读书会、独立书店有不少，龙岗读书会就是其中之一。这是由龙岗区委宣传部和龙岗区图书馆指导发起，以读书、荐书、品书和交流、分享、传播为核心的公益性读书组织。2011 年正式推出读书刊物《品书空间》。

《品书空间》为双月刊，杂志栏目设置有“第一推介”“重点阅读”“第一泛读”等，按重要性依次列出 20 本左右重点推介的新书。同时，根据龙岗本土特色，杂志还开辟了“本土风采”“青工书房”两个栏目，每次介绍两三位本地作家及其作品，推介两三本“最火”的实用性新书作为择业、就业指导，起到挖掘龙岗文学资源、服务外来劳务工的目的。此外，该书还配置了“名家论读”“经典回顾”“微小说”“微书摘”“亲自阅读”等趣味栏目。

在做好杂志的同时，龙岗读书会还组织各种读书活动，开通网站、微博、微信、QQ 群等平台，营造虚拟的品书空间，吸引更多读者参与进来。为了顺应新媒体的发展形势，读书会还创新推出了“微电影系列”

作品，利用微视频的传播特点，让读者参与创作，说出并演出自己的读书故事，以这种最具亲和力的形式影响人、感染人。

《品书空间》的“空间”是个很宽泛的概念。如果说阅读无所不在，那么这个空间随着阅读的人的变动而变动。这一种移动阅读方式，正是对阅读方式的拓展。《品书空间》为龙岗的发展贡献的一脉香，正是最动人的风景。

◎《三联贵阳联谊通讯》

三联书店贵阳联谊会是1996年由唐弘仁、郑新、袁伯康等老三联人发起，并获有关方面批准成立的一个群众性的社团组织。随后，他们创办了《三联贵阳联谊通讯》，刊物由袁伯康先生主编，每期有180页左右。作者队伍中，有鼎鼎大名的范用、马仲扬、仲秋元、吴道弘、曹建飞、许觉民、贾植芳、何满子、曾卓、绿原、邵燕祥、黎之、李辉……刊物内容以忆人忆事为主，兼及健康养生等内容，散文随笔也有，读来温馨动人。

我接触这份杂志是在2007年初，收到过一两期，有时，袁先生在信封上约稿，这也是一种特殊的方式。袁先生一人把杂志的活都揽下，通联、组稿、编辑、校对、印刷，再将印好的通讯一本一本装信封、写信封、送邮局寄发，杂志因此每期只能印行800份。

袁先生早年也办杂志，写得一手漂亮文章。2007年杂志坚持了12

年，出版第48期，81岁的袁先生因健康原因，不得不将杂志停掉。除了杂志之外，袁先生还编辑“联谊丛书”二十余种，比如《书店生涯六十年》《往事遗痕》《青山晚晴录》，各有特色。在办杂志的过程中，为了节约，他收集单位上的废旧信封和捆扎带再次利用。这种精神是值得民刊的创办者学习的。

《三联通讯》虽然终刊了，但想起袁先生做杂志的经历，尤为让人动容。闲暇时，翻阅那一期期杂志，好像又走进杂志的世界里去了。

◎《三馀书屋》

著名的张氏三姐妹办的家庭刊物《水》，被出版家范用盛赞为“20世纪的一大奇迹”。2007年，北京藏书家刘德水先生和女儿刘莸创刊《三馀书屋》，也是一本家庭读书杂志。

“三馀书屋”是刘德水的斋名，由斋主的忘年交张中行先生题写，刘莸创办家庭杂志借用了这个斋名，整本杂志从约稿、编辑、设计、排版、印刷、装订到邮寄，都是由刘莸一人独自完成。杂志设有“三馀杂记”“三馀斋嘉宾”“三馀之余”“三馀斋之友”“三馀斋藏珍”“三馀荐读”等栏目，作者以刘氏家庭成员为主。杂志小，印量也小，每期只有三十份。

山东藏书家阿滢说：“这是秋缘斋风格独特的珍贵藏品。”惠州藏书家周老泉也曾在博客上说：“我发了《重读〈张竞生传〉的几个疑问》过去，有些文不对路，果然未发表，但能收获这本独特而珍贵的杂志，已然知足了。这一印张的杂志，既有家庭成员的文章，也有钟叔河等大家与葛筱强、邑平子等时人的近作。认真拜读了，值得珍藏。”可见喜爱这本杂志的大有人在。

刘莸主编这本杂志时是高中生，随着升入大学，《三馀书屋》也发生了变化，接着又出了两期，杂志就没再继续做下去了。前几天，我见网上还有人怀念这杂志，但愿有一天，它又以新的面貌出现吧。

◎《山西图书发行》

与一份报刊的缘分，真是多种多样，我跟《山西图书发行》的来往，已有近十年的光景。这是山西省新华书店办的一份报纸，最初是四开的周报，后改为半月刊，变为每期八个版。报纸内容除了书店的动态新闻外，还有两个版的读书副刊，取名曰“彩芸”，出版三百五十余期。副刊跟《书友》《温州读书报》相类似，完全取之于草根作者，名家倒不多见。

副刊谈书论文，每期都有阿一的文章。阿一即介子平先生的笔名，他的文章实在，文史小品多有趣味。早几年，我写了稿件，直接发至先生邮箱，过段时间就刊发了出来。常在上面发表作品的还有安武林、潘启雯等一众朋友。

《山西图书发行》的文化味十足，这相比新华书店系统的其他报纸更有特色（一些报纸仅仅满足于书店信息的发布，气象和格局就小了许多）。这当然跟报纸的主编有关，介先生研究地方文化，整理乡邦文献，都有为人称道的地方，做报纸也就很有个性。时下，我们常常说到的书香是一种文化味，并非是销售业绩或数据就能概括得了的。在这一点上，《山西图书发行》的品位真是有些高雅。

◎《水仙阁》

《水仙阁》是海宁市图书馆主办的杂志，说起名字则可追溯到清代光绪三十年（1904），海宁州图书馆在州城盐官海神庙水仙阁成立，这是我国第一个县（市）级公共图书馆。因之，2007 年创办杂志时，就取名为“水仙阁”了。

《水仙阁》为季刊，狭十六开刊物，每期的页码为 48 ～ 84 页不等，每期印数 1520 册。此刊曾先后与海宁市图书馆协会、海宁市旅游行业协会协办。杂志内容很丰富，从栏目设置看，设有“紫薇讲坛”“海宁人物”“潮乡之旅”“藏书春秋”“书林一叶”“如烟往事”“海昌风情”“读书台书话”“水仙阁雅赏”等栏目。杂志对宣传地方文化不遗余力，成为一大特色。

《水仙阁》主编陆子康说：“杂志实现了图书馆馆藏资源优势和海宁地方文化的有机结合，在众多内刊中特色鲜明。”关于读者，陆先生说：“一是海宁读者（包括外地海宁人），二是全国读书界，三是喜爱、研究海宁地方文史的人士。”

古人云：文章山水。山水者，地上之文章；文章者，案头之山水。而《水仙阁》可成为读者案头的一座小园林，这就要求杂志内容丰富、扎实、有趣，又有料，读者爱读才成。在众多的读书刊物中，《水仙阁》能自成一派风景，正是“养海宁之文气”，同时又展现了海宁文化之美。这才是地方读书刊物应有的价值。

◎《向阳湖文化报》

“五七干校”作为特定历史时期的产物，却在文化人的笔下成了独特的风景。咸宁人李城外在 2000 年 6 月牵头成立了向阳湖文化研究会。同时，他还创办《向阳湖文化报》和建立了“向阳湖文化”网站，这些为宣传向阳湖文化提供了固定的阵地。

《向阳湖文化报》是全国唯一研究“干校文化”的报纸，它是八开四版的小报，不定期出版，内容侧重于向阳湖文化的研究与相关报道。报纸在推动向阳湖文化方面做出了贡献，比如推动向阳湖文化名人旧址成为全国重点文物保护单位、“向阳湖文学”被省作协列入“文学湖北” 实施工程等。

在李城外的努力下，1997 年，人民文学出版社出版了 80 多万字的《向阳湖文化书系》。2010 年，李城外又出版了我国第一部反映干校文化的综合性丛书——《向阳湖文化丛书》。不过，因种种原因，《向阳湖文化报》在出版过程中曾两年没有出过报，在 2013 年才推出了第十二期报纸。李城外在报上撰文《话说新增“国宝”——向阳湖文化名人旧址》，在回顾历史的同时，他还展望“干校文化”的未来。

向阳湖文化研究会做的实事，正如城外先生所说，对向阳湖文化的挖掘和研究“足以填补当代中国社会史、文化史、文学史的一段空白”。现在回头来看，《向阳湖文化报》对地方历史文化的挖掘也有值得借鉴之处。

◎《秀州书局简讯》

我在 2006 年左右才知道《秀州书局简讯》，主编是范笑我。这简讯是源于嘉兴市海盐塘路的秀州书局，那是嘉兴市图书馆开设的一家书店，1994 年 4 月 6 日开张，著名作家冰心题匾。秀州书局以经营文史哲图书为主，兼营艺术类图书。自书店开张以来，秀州书局坚持每 20 天出一期《秀州书局简讯》，沟通读者、作者、编者。著名作家萧乾看了《简讯》后，称秀州书局是“一间门面的文化交流中心”。柯灵、施蛰存、张中行、邓云乡、章克标、流沙河、顾廷龙、金克木、黄裳、黄源、周振甫等作家、学者都对秀州书局有过鼓励。同时，秀州书局还每月发行一套藏书票（2 枚），以宣传地方文化。

《秀州书局简讯》在 2006 年 7 月停刊，共出版 232 期。若将其中的人物、图书列举出来，也是庞大的数字了。有书友评价简讯说，《秀州书局简讯》的味道当真是不一样，世人世相跃然纸上，让人回味无穷。读着简讯，当时购书人的言行神态呼之欲出。简讯出自范笑我之手，我好像能看到范笑我闲坐一边，或静静旁观，或诙谐一笑的情景。这场景是温暖的。

范笑我离开了书店，还继续在写这样的简讯，只是更多地放到了网络上阅读，其中结集的《笑我贩书》一年年地出版，自然引起读书界的广泛关注。简讯里所登载的文字犹如今天的微博，简短而内容丰富，还可看到一些文朋诗友的信息。这样的交流园地，也是难得的纸上沙龙。

◎《杨柳风》

国内的读书刊物众多，但关于一个人的读书刊物却不是很多。《杨柳风》在读书刊物中开的先河，就特别引人注目。杂志是在2010年创刊，专门介绍丰子恺生平史料、趣事，丰子恺与儿女、师友，以及丰子恺漫画、书法、随笔鉴赏评析等。

《杨柳风》由丰子恺之女丰一吟倡议，四位 “丰迷”组成编辑部（包括丰一吟）。旨在全面系统整理丰子恺历史文献及艺术评论资料，为丰子恺研究提供方便。关于《杨柳风》的来历，杂志主编吴浩然说，丰子恺喜欢杨柳，将书房命名为“小杨柳屋”。因丰子恺喜爱杨柳的优美姿态，漫画中最常画的就是杨柳和燕子，所以俞平伯送他一个徽号“丰柳燕”。他在《杨柳》一文中写道：“自古以来，诗文常以杨柳为写春的一种主要题材。写春曰‘万树垂杨’，写春曰‘陌头杨柳’，或竟称春天为‘杨柳春’。”这杂志展现的也是丰子恺笔下的风貌了。

《杨柳风》为不定期出版，栏目设有“静观人生”“前尘旧事”“笔墨情趣”“旧笔重温”“百家争鸣”“往事琐记”“海外之风”等。杂志“犹如一股艺术春风，为宣扬丰子恺的人文情怀出一份力”。除了丰子恺的相关研究，跟他有交往的文朋诗友也都一一在杂志中出现，那绘就的风景真是多姿多彩，倘若丰先生再画一幅这样的图，想来亦有无穷的趣味。

2011 年，《杨柳风》更名为《丰子恺艺术》，由齐鲁书社每年出版两期。这也是读书民刊转型中的一个案例。

◎《译林书评》

好几年前，喜欢买《译林》杂志，不仅是出于对外国文学的兴趣，更主要的是杂志附送有一张《译林书评》的小报。我格外喜欢这份小报对外国文学的导读，在那上面知道了不少新书讯。后来报纸改成了杂志，依然是双月刊，每期一个印张，十余篇文章。由此，我才注意到杂志的主编是董宁文先生。

董先生是编杂志的大家，一册《开卷》办得全国闻名，像《译林书评》这等小杂志亦编得生机盎然。这本杂志是译林出版社下属的刊物，其中所刊发的书评书话多跟其出版的书相关（书评、书讯少不了），还兼及翻译的事。这些年，就翻译讨论的时日也已不少，但孰高孰低也没个定论。《译林书评》恰如一座桥梁，编者、读者、译者都可随意发言，构成了交流场。关于《译林书评》，《译林》杂志社社长顾爱彬说，它的定位是以与《译林》相关的译人译事为主，同时又扩充到更广泛的文化层面，一方面起了一个累积史料的作用，另一方面也提供了扩展阅读的平台。

有本书叫《译者的尴尬》，讲述翻译的种种故事。《译林书评》却侧重于沟通与交流，不管是诗歌，还是小说，都有论及，也有许多精彩内容。比如翻译家讲翻译的事，也有讨论《译林》的“海派风格”和“国际范”之类的文章，读来都让人大开眼界。翻译的事固然是见仁见智，可倘若缺乏交流，也就少了几分趣味吧。

◎《越读》

在诸暨市有份《越读》杂志，做得小巧玲珑。这是由浣沙文学读书会、诸暨市图书馆合办，主编是周音莹。2012年春创刊，季刊，年底有合订本。三十二开小杂志，每期六十至六十八页不等。童银舫说：“此刊为白皮本，素面朝天，聘有专门的美术编辑，堪称素雅。”

杂志设有“史事探幽”“人物春秋”“岁月留痕”“书斋絮语”“旧文赏读”“雅室清玩”“笔墨烟云”“苎萝新笺”等栏目。“立足阅读品位，传播地域文化”，《越读》是“润物细无声”的。她选择了质朴的外表，却以高雅的情怀托起丰富的人文内涵，这也是杂志的通常做法。

《越读》做了七期，杂志的影响力也越来越大。旅台诸暨乡亲很想了解诸暨史事，却苦于无合适的读物，《越读》因此很快得到了一些台湾乡亲的关心和文化认同。《越读》也被诸暨市宣传部评为文化精品扶持对象。

做读书刊物不仅仅是办一份刊物就完事的，还需要更多的活动支撑，比如读书会、签售会等，都能带动一方的人文阅读。《越读》给我们提供的是一种新方式，也是值得其他读书刊物参考的。

网友阿啃在2008年曾创办了《越读》电子杂志。他说，当“越”和“读”这两个词语放在一起的时候，一种诱人的境界似乎初露端倪。对我而言，这甚至意味着一种更为积极的生活方式。这两份《越读》虽有不同的风格，所做的事，却同样是有益的。

◎《越问》

这两年，读书刊物的办刊人也日趋多元化，除了图书馆、书店之外，还有个人办刊，读书会做杂志也是一种风潮。《越问》是绍兴市越问读书会主办的一份读书刊物，其主编为吕山，也是读书会的负责人。杂志2013年3月创刊，在《发刊辞》中声明本杂志为文史随笔类刊物，且无稿费。季刊，三十二开六十一页，童银舫说它“亦为白皮本，与《越读》相同，极易搞错”。

关于杂志名，在《发刊辞》中编辑说，越先民孙因撰《越问》，见于送《宝庆会稽续志》。序之后凡一十五章，三千零九十五字。按作者的说法，“浓墨大字兮终乎越问之篇”，意在扬越地之盛庶也。今天的《越问》可谓是一种文化上的延续。

“我们希望表白的一点是，我们宁可成为雅人所不屑甚至不齿的江湖，而不欲装腔作势，空有其表。”这是杂志的风格。看栏目设置，能发现其中的趣味性较强，“永和风”“艺林散叶”“吉金乐石”“名士风流”“篇籍见意”“越赋新补”“於越掇英”“旧事重提”等，都有追慕先贤的意思。

《越问》也有追问历史的意思，在读书之余，总不免怀想起历史上的种种，是非恩怨，都已成为过眼云烟，后来者看来，或许能洞察其中的奥秘。《越问》靠着“一点实际的货色”生存，而不媚俗。这依然是读书人应有的风骨。

◎《东方书林》

文化都市的上海，既摩登，又极富市民气。早些年有《书林》杂志，引领风气，近些年却每况愈下。《书城》杂志，几经波折，虽还在存活着，却大不如前。2001 年，上海图书公司创办了《东方书林》，初为报纸，后改为白皮杂志。主办单位除了上海图书公司外，还有东方俱乐部参与其中。

《东方书林》后来改为双月刊，每期页码为三十二至六十四页不等。在不同的时期内容变化也挺大。2007 年，有网友写道：“这是一本会员内刊，虽然仅有一个印张（三十二页）的篇幅，但却编印得非常精致。每一期都列为一个专辑（比如本期即为‘社科卷’）。在它所设的‘书香品评’‘编辑手记’‘淘书杂谈’‘书人荐书’‘新书长廊’等诸多栏目中，最喜读的还是‘新书长廊’。它选录了上海古籍书店新近比较重要或热门的图书书目。”

至 2009 年，其栏目则设置为“书人”“书香”“讲坛”“丽书”“手记”“悦读”“荐书”“春秋”“新鲜”“往来”等。除了正常出刊之外，杂志还推出了古旧书特刊，内有“文化街往事”“淘书无限乐”等栏目，可谓书卷气十足。陈学勇、陈克希、韦泱等读书界人物都曾在杂志上亮相，林贤治、葛剑雄、叶兆言也曾在杂志发言。执行主编鲍振华对此多有着力，在他调离岗位之后，《东方书林》于 2010 年停刊。

《东方书林》亦抵挡不住商业的侵袭，成为绝唱是早晚的事了。对此，除了惋惜，真不知该如何表达这份情感。

◎《我》

读书类的个人杂志，这几年也经常遇到，比如郑州马国兴先生做的手抄报《我》就是其中之一。这是一份四开小报，1995 年 5 月创刊，他将本刊定位成生活方式的一种。他说：“因为有了一定的经济实力，我就复印了若干份，寄赠亲友。也因为有了手抄报，自己就渐渐疏于写信，只在心里宽慰道：一样的内容，各人会有不同的解读吧？”

《我》在最初为不定期出版，后改为半月刊，中间也偶有停办的时候。作为一种读书的兴趣，在“小我”与“大我”之间的选择无疑决定了刊物的生命力。2005 年，这些文字结集为《纸上读我》。书评人颜桥说，内刊在这里，是私人的名片，也是个性展示的平台。

至于内容风格之类，大致可从最新一期的《我》上看出来，其收入《诗写王往》、《如是我闻》（评《一觉睡到小时候》《永玉六记》《打工女孩》三书）、《流水行云　事关〈读库〉》（精选连载之十二，评 1304 至 1305）、《岁月的手指点石成金》、《流水行云》（精选连载之十三，2013 年下半年）等文章。本期五幅插图，均为黄永玉漫画，选自读库出品的《永玉六记》（珍藏版）。

《我》不只是记录个人的阅读史，也是我们这个时代阅读潮流之一。所谓书香社会，正是这千千万万个“我”汇集而成的。

◎《书乡》

南京的董宁文先生以一己之力运作读书民刊，成绩斐然，一份《开卷》，引时代风气，《译林书评》也颇可读。2007 年，南京创刊了《书乡》月刊杂志，他担任执行主编一职。这本杂志由书乡联盟主办，页码不多，内容与《开卷》风格相似，引领的依然是阅读风气。

《书乡》创刊号的封面人物是黄永玉。杂志并没有划分具体的栏目，从内容看，这一期的文章有：李怀宇的《黄永玉：作画求快乐，人生还要从容》、王心丽的《夏志清的角度——读〈岁除的哀伤〉》；雷雨的《仰望法兰西的星空》、子张的《〈陈寅恪和他同时代的人〉及其他》、江秀枝的《那种理念，那个制度，那些校长》、童翠萍的《人缘书缘惜缘得缘》、朱元曙的《为南京古迹留下永恒的图影的朱偰》、张渝的《私想的力量》、躲斋的《等一等的散文》和言文的《昨日“校花”故事》。

这之后的各期均设有封面人物一栏，比如第二期为学者流沙河。封面彩照尤为大气夺目，杂志由南京书衣坊装帧设计。《书乡》的作者阵容也极为强大，如韦泱、王稼句、来新夏、王国华等都先后有作品在杂志上亮相。不过，《书乡》出至第六期戛然而止。其中的原因，前不久在跟董宁文先生相聚时，却不好意思问起（生怕揭开一段伤心往事）。更何况一本杂志的生生死死，自有其定数。

◎《豫章》

南昌的文化氛围浓厚，这从青苑书店的历史就可看出来，一间独立书店坚持了二十二年，诚非易事。这家书店除了卖书做文化沙龙之外，还在 2013 年读书日之前，创办了《豫章》季刊杂志。

要说我跟它的渊源，也颇有意思。那时由于对独立书店的关注，我有缘结识了青苑书店。后来，多在网络上有互动。豫章，即南昌的古称，也可泛指江西。青苑书店老总毛静在《创刊词》里说："故园之思，怀旧之想，使我们又重新找寻返往乡土的路，重新拾起记忆中的片羽吉光，重新审视我们走过的生命历程。这本小小的《豫章》，也许就代表了我们对乡土的全部记忆。"

《豫章》的栏目分为故实、旧事、图志、文津、故纸、雅艺、乡土、市井、藏读、书林等，其旨在"绍述汉唐宋元明清民列朝遗韵、描摹南九饶瑞临袁信诸郡风情"，内容亦显得是故园情深，这在众多读书民刊中也是独树一帜的。

如果我们考察读书民刊的流变，或许不难发现，这《豫章》也预示了读书刊物未来的一个方向，即本土化、区域性，在此基础上兼顾全国。同时，它把阅读的范围再次放大，不仅有对古籍的阅读，也涉及地方文化的梳理，其所做的是对文化的追怀。

读《豫章》，真能读出一幅江西的风情画卷，过往人物，历史纠结，如此构成的立体图像正像《豫章》所显现的那样：人与物或许老去，只有记忆这条长河，依旧波涛澎湃。

◎《方所》

广州的方所书店刚亮相时，即引起了业内同行的广泛关注，并由此开启了书店的新时代。2013 年，方所书店办了册名为《方所》的同名杂志，其发行人是毛继鸿、总顾问廖美立、艺术顾问又一山人、企划编辑张媛媛。杂志不太厚，装帧设计却颇为潮流，如同书店风格一般。

方所，这名字来自南朝萧统的“定是常住 / 便成方所”，其实十分低调。《方所》每期设置一个专题，其后是阅读报告，以及书店活动等内容。单就专题而言，其做法也有许多可借鉴的地方，如 2013 年 6 月刊的专题是原产地，在《编辑室报告》里有言：“希望展现的是城市与所在地创作的亲密无间。鲁迅曾在《且介亭杂文集》中说过：‘只有民族的，才是世界的。’中国特有的民族文化需要大家的传承，而由此衍生的本土创作同样期待大家的支持。”其中所涉及的海峡两岸暨香港、澳门文化人的对话也耐人寻味。如张大春与小宝关注的是城市靠谁来记忆，而陈冠中则探讨香港是如何出现的。

这样的读书杂志风格更像是一个跟方所书店同名的独立杂志。跟平时所见到的杂志大有不同，这不仅仅体现在称呼上的差异，更多的是《方所》所展现的气质是与众不同的。

有条微博这样说：方所不是书屋，不是咖啡馆，不是服装店，不是植物园，不是美术馆；但是你可以在里面看好书，喝咖啡，挑衣服，观植物，看展览。《方所》所呈现的也同样是一种生活之美。

◎《读书好》

香港的阅读风气真是开放与宽容并存，那真是爱书人向往的园地。

2007 年，《读书好》创刊，香港最具思想力和公共关怀的知识女性邝颖萱任杂志总编辑。

《读书好》是新地与上书局共同创办的杂志。杂志的方向是集城中文化界人士力量，为全港市民推介好书，分享阅读心得，并于全港各大书局及新地旗下多个商场免费派发，将阅读风气全面延展开去，开创阅读新景气。杂志的栏目划分有人文、财经、漫画、文学等，比国内的阅读刊物更为开放一些。

在创办杂志时，主编即有一个清晰的理念：“互联网科技愈发达，社会媒体日益进步，这些都不代表知识性社会的出现，因为科技不代表有深度、有观察及见解。信息科技不会自动带给人信念、价值及方向。书本可以带给我们洞察力和眼光，所以至今仍然会以推广阅读为工作，并努力将阅读与社会紧扣起来。”

2008 年 3 月杂志改为月刊。梁文道曾说：“我们出这份刊物的理由和我用尽各种办法去叫人读书的原因是一致的，那就是读书令人愉快。或者换一个比较粗俗但是更到肉更贴切的说法——读书很‘爽’。”《读书好》是香港阅读的一面镜子，由此可照见阅读的未来。当朋友说起香港是购物的天堂时，我总想起这杂志和书店，这种阅读分享的氛围，也因之才有了香港书展的底气吧。

◎《诚品好读》

诚品书店是华文书店的风向标，1992年反映“诚品精神”的主题阅读杂志《诚品阅读》创刊，这就是《诚品好读》的前身。而后者在2000年7月推出，从会员刊物到关注城市生活、创意、艺文的综合文化杂志，其口号为“阅读成为一种时尚”，杂志陆续影响到香港、新加坡等地。

杂志着力于阅读潮流的分享，这一点也颇合台湾的阅读气象。照读者的说法是，以人文阅读为核心、引领都市流行文化、借助市场因素构造文化亲和力的“王道”。《诚品好读》在其后陆续加入诸如创意文化生活的内容，这在某种程度上比单一的阅读文化杂志更潮更吸引人。

2008年4月，诚品书店宣布《诚品好读》休刊。海峡两岸暨香港、澳门的读书人同为惊叹，这似乎是书店存活日趋艰难的象征。在停刊将近一年之后，杂志悄然复刊，刊名则改为《诚品学》，第一期的封面主题为“阅读，不能罢免”，它强调了阅读的意义，称“即便面对网络如此进步发达，影音媒体如此多彩丰富，仍有太多理由和乐趣提醒我们，‘阅读’，或者是‘纸本的阅读’‘文学的阅读’，是不能罢、亦不能免的。”

在办刊理念上，《诚品好读》以开放见长，每期杂志上都可遇见海峡两岸暨香港、澳门的读书人对阅读的意见，而不仅仅局限于台湾一地。这种把读书刊物当成媒体来做的方式，在众多书店刊物中，也真是独特的一支了。

◎《唏嘘》

西西弗书店从贵州走向重庆、成都、深圳等地，是带有将阅读进行到底的勇气。多年以后，我跟其创始人薛野先生在成都聊书店，也说起了书店杂志。这才知道，西西弗书店早在 1998 年就创办了书友杂志。

最初的《阅读》是由西西弗书店和重庆精典书店、广东学而优书店联合主办，杂志在书店免费派送。随着书店的转型，另两家书店相继开展杂志的编辑工作。2010 年开始，《阅读》更名为《唏嘘》，杂志也由阳春白雪向普通读者靠拢。

《唏嘘》也由此改为季刊。杂志内容除了每期的固定主题之外，还涉及书店活动、摄影、随笔、书评等内容，大都跟阅读相关。《唏嘘》宣称，“我们希望，这是一个朴实的、草根的书友杂志，有自己的价值观和立场，并尽力传播善意与美好。”又，“无论你的写作技巧如何，如果你有创作的欲望，有内心的体验欲向外表达，我们鼓励你进行这样的尝试！我们欢迎内心深处真实的声音。”

尽管杂志设想很美好，读者也可积极参与进来，但对一本刊物而言，既需要读者的互动参与，又需要引导阅读潮流，绝非易事。观察国内不同书店的杂志，或许能发现，在更多的时候，读书杂志是作为书店的附属品而存在，而不是一个品牌的延展。这种思想导致了杂志虽在做，到底只局限于会员刊物，无法更好地传播书店的理念和精神。

◎《文澜》

杭州在江南文化中占有独特的地位，其文化渊源颇深。杭州市图书馆与华宝斋在2008年创刊《文澜》杂志，季刊，线装本。童银舫先生评价此刊物：“简体字直排，彩印——这是目前唯一的一本古籍线装型读书刊物，但感觉有些奢侈。”

在创刊词里，主编陈建一说到刊名的渊源：“澜者，大波也；文澜者，文化之巨流也。杭州，向称江南文化的尾闾渊薮，以‘文澜’喻杭州文化积淀之深、之广、之博，可谓名实悉称。”杂志常规设置的栏目有“专稿”“文澜书话”“仲夏夜梦”“吴山天风”“南屏晚钟”“孤山听雨”“蕉石鸣琴”“十里琅珰”“华宝雅集”等，大致可分为两部分，一是与杭州相关的各类文章；二是不限地区的有关于读书的文章。这样做来，同样是精彩纷呈。

在图书馆的相关介绍中，《文澜》被放置的高度也值得关注：《文澜》是第一个出现在杭州图书馆历史上的读书刊物，由《文澜》开始，又有文澜大讲堂、文澜在线数字图书馆，莫不延续着“文澜”精要，成为杭州公共文化服务体系建设中浓墨重彩的一笔。

长期以来，读书民刊的价值是处于被忽略、被边缘的地位。而作为一种文化品牌，价值如何更好地体现，是一个值得探讨的话题。《文澜》所做的尝试，是在拓展读书民刊的价值，从某种意义上看，这也是在探索读书刊物的未来。

◎《阅微》

南京的书香之气颇重，读书是普通大众的生活方式之一。金陵图书馆在 2010 年 10 月 18 日编辑创办了大众阅读刊物《阅微》。杂志为双月刊，每期六十四页，内容多彩多样，文化味十足，全面传递书香社会的各种文化信息。所谓全民阅读，正是通过阅读使生活更美好。

《阅微》每期的栏目有“访问”“专稿”“文笔”“人物”“赏读”“经典”“荐书”等。值得关注的是，每期均有特别主题，刊登文章不拘一格，从曾推出的诸如钱锺书先生百年诞辰纪念、“上学记”过去的学校专刊、朱生豪先生一百周年诞辰纪念、植物的秘密专刊、南京味道、纪念古琴申遗成功十周年等专题看，涉及的内容也是与文化息息相关。此外，还注重发表读者的读书观点，发掘经典文献及南京本地文献，结合图书馆资源，主张文本的延伸阅读，包容多样阅读口味。

关于《阅微》，其主编李海燕在创刊词里曾说：“‘微’是微言大义，微中有妙，也是人生冷暖，微小如尘，这是纪晓岚的悟道，也正应了金陵图书馆创办一本读书小杂志的初衷。”

阅读在于互动，“普通读者”的参与虽“微”，却不无价值。不仅如此，读书氛围的培养正是在许多“细微”之处。《阅微》所倡导的理念，算不上多奢侈，只是要脚踏实地去阅读，分享阅读中的点点滴滴，仅仅这一点就让阅读有了未来。

◎《书乐园》

东南大学的前身是创建于1902年的三江师范学堂。其后几经变迁，成了今日的东南大学，其人文气息浓厚，名师辈出。东南大学图书馆是在1923年由齐燮元先生捐资兴建。2009年，图书馆创办了读书刊物《书乐园》，杂志为季刊，迄今已推出近二十期。

《书乐园》与平时所见到的读书杂志有差异，首先是封面所显现的青春活力，其次是内容并没有明确的栏目划分，每期选题由阅读推广专家与学生社团代表组成的编委会确定，并制定“推荐书目”，提供电子书下载。此外，杂志推出的专题也与校园生活密切相关，如小说里的南京、反思“非典”十年、青春的旋律等。文艺与现实的结合，是恰到好处的。

尽管杂志的作者和读者大都局限于校园内，但它所传播的理念是值得关注的。主编王骏认为，办杂志的目的是为了利用图书馆自身的资源、地理和科研优势，开展丰富多彩的阅读活动，采用杂志的形式使读者们实现“阅读分享智慧，阅读分享快乐”，以我们最大的热忱体现“阅读，让生活更美丽”的宗旨。

与其他的读书民刊单一刊物的形态相比，《书乐园》是一个集电子版（有声）、纸质版、网络版三位一体的阅读推广平台，这一种分享是阅读的精华所在。

◎《季风书讯》

上海的季风书园是独立书店当中的风向标，书店所秉承的理念是，“独立的文化立场，自由的思想表达”，于今看来，仍旧有着自己的风格。2006 年 7 月，季风书园创办了《季风书讯》。

这份六十页的杂志以周刊的形式出现，除了正常的出刊之外，还做过四期年度专刊，几乎将每一年的好书一网打尽。《季风书讯》共有六个常设栏目：“编后小记”“新书推荐”“季风排行榜”“相关评论”“新书书目”“三辉链接”。此外还有不定期的专题栏目。

编后小记相当于是卷首语，在第一期的杂志上，主编有云：“世界杯即将结束。不必天天熬夜看球，应该是读书的时候了。建议读者不要错过查建英的《八十年代访谈录》。这本书五月出版，首印一万五千本已经售空，现在又加印了一万本。从二十岁到七十岁，不同年龄的人读这本书都会有所得，哪怕你很不喜欢书里的那些人物。不喜欢也是一种心得。”这种推荐并非是赤裸裸的介绍，而是将书的种种状况展现出来，由读者辨别这书是否适合自己的口味。这种方式，看似随意，却因注重细节，易受到读者青睐。

对没时间选书的读者来说，有这样一份书讯，大致可选出自己喜欢的书。《季风书讯》的亮点，不在于卖书，而是在倡导一种文化氛围。所以，在“新书到货”中有更多值得评的书，期望我们的会员们随手写来，和大家分享。这一种分享正是季风书园的文化理想国的核心。

◎《莲馆弘谭》

桐乡的丰子恺纪念馆编有《杨柳风》，平湖的李叔同纪念馆则有《莲馆弘谭》。这本杂志在2006年9月创刊，每年推出一期，有时也会推出特刊，目的在于弘扬李叔同的学问人生。

在发刊词里，编者说道：“我们将积极参与逐渐兴起的‘李叔同研究热’，认真担负起作为李叔同故籍所在地的文化界人士应负的研究、弘扬李叔同爱国思想、精神、崇高品格的责任。我们将约请本市及外地的专家学者、文化界人士撰写有关的研究文章，并及时推出他们的研究成果。本刊还将及时报道我市和外地有关弘学研究的动态信息。”

《莲馆弘谭》的栏目设置有“缅怀先贤”“含英咀华”“人生轨迹”“嘉言懿行”“信息交流”“艺擅多能”“馆情动态”等，基本上是从不同的视角反映李叔同在各个方面的成就。除了常规栏目之外，在第四期做了大师的“人格魅力”专题、第六期是李叔同诞辰一百三十周年纪念专刊。纵观杂志的整体风格，以学术研究为主，每期内容从各个侧面反映李叔同的相关研究，保持了较高的学术水准。

陆渊雷在《永恒的追思序》中写到李叔同：“许多青年追思他，为他做纪念。纪念他的平凡，不是纪念他的煊赫。煊赫的纪念，往往不是真心的纪念；唯有平凡的纪念，才是真心的纪念。这种‘心悦诚服’的忠实信徒，绝不是权位势力所能钓取，也绝不随权位势力而摇动其信心。”这种风格在今天也是难得一见了。

◎《陕图读览》

西安的文化丰厚，陕西省图书馆被誉为三秦大地上最丰厚的智慧宝库。2013 年 1 月，其创办了《陕图读览》季刊杂志，“引导每一个思考者发掘宝藏的导览图”。

《陕图读览》“旨在介绍省图的文献和数字资源，通过推介馆藏资源，使更多读者发现好书，引导读者阅读，培养阅读兴趣，拓展阅读范围，丰富读者的文化生活”。 杂志共设五个栏目，分别为“书品解语”（书评）、“书衣百影”（书荐）、“书林撷英”（书摘）、“书人物语”（个人读书史、馆员故事）、“书事图情”（馆内资讯）等，从各个方面指引读者多读书，开阔阅读视野。

在卷首语中，编者说：“世界凶顽异常，但是一个人可以靠着爱和勇气脱困。”阅读使我们获得信念和力量，打破孤绝的处境。而当城市面对阅读者时，或许也会稍稍放慢吞噬的步子，或许会坐下来，回想一下曾经温柔和平的情景。这也是阅读的愿景。

《陕图读览》以地方文化为依归，寻找心目中的读者，在选择中达到平衡、平和。这或许是“薄薄的书页虽承载不了每个读者心中的哈姆雷特，却可以让读者找到只属于自己的哈姆雷特”。

◎《静观》

“人文荟萃”这个词来形容苏州特别适合，苏州不仅是阅读风气浓厚，藏书楼也众多。苏州的好几个区县都有自己的读书刊物，张家港市图书馆于2014年3月创办了《静观》杂志，双月刊。“静以致远，观乎人文。”刊名《静观》取自于清代张家港籍藏书家叶廷甲的“叶氏静观楼”。

读书刊物大都讲求接地气，《静观》就是以“阅读推广、传承和弘扬张家港本土文化”为办刊理念，杂志内容大都由张家港市图书馆读者撰稿，全刊六十页，注重挖掘和弘扬张家港优秀深厚的文化底蕴，向读者宣传阅读的意义、价值和方法，积极倡导雅正的阅读观，引导读者阅读。

阅读是一种生活方式，这从《静观》设置的栏目也可看出：“港城文脉”“书林漫步”“历史一页”“诗情画意”“走进张图”“悦情写作”“优品生活”“好书共赏”等，从不同的视角介入阅读生活，同时不定期开设各种有奖征文活动并推出相关专栏。这就将阅读、活动结合在一起，构成一个城市人文阅读的立体空间。

近几年所创办的读书杂志，在风格、内容编排方面更着重于与当下的阅读结合，打造地方文化特色，这与早期的读书刊物有所区分，前者可能讲究读者的精英，而今天的刊物则侧重于阅读与分享，让更多的人参与到阅读互动中来。《静观》虽是新办刊物，起点高，可作为当下读书刊物的新方向。

◎《籀园》

温州的《籀园》杂志初创于1940年4月，由原籀园图书馆刊发，月报，曾为本地图书馆事业做出突出贡献。这籀园也是温州图书馆的别名。为继承先人业绩，发扬业界优良传统，推动温州市图书馆事业持续发展，温州市图书馆决定于2011年重新刊发《籀园》馆刊。

新刊《籀园》为季刊，辟有“业界资讯”“活动长廊”“业务探讨”“馆员天地”和“读者之窗”五大板块，下设“温图动态”“分馆专递”“信息窗”“文化展厅”“籀园讲坛”“活动集锦”“社团活动”“统计分析”“探索与实践”“一瓣心香”“馆员抒怀”“籀园旧影”“馆员风采”“我与温图”“书人书事”“东瓯往事”“悦读空间”“品书录”等栏目，同时有“咨询台”“新书架”“借阅排行榜”“万花筒”“广角镜”“编读之间”等为补遗。

张永苏先生是地方文史专家，由其主政《籀园》，真是图书馆的幸事。他在新刊的发刊词里说，将一如既往地以“推广读书治学的风气，辅助国民教育的普及，提高民族文化的水准，增进人类生活的幸福”为己任，不断呼唤知识的春天。简单地说，《籀园》就是教人“个个留一手”，那是学问、知识，也是一个人能够行走在波澜世界里有所成就的可能。

《籀园》既保持了学术水准，也参与读者互动。这样的刊物不仅是在教人以知识，也可增加见闻。在潜移默化中，将阅读深入到大众的生活当中去。这才是图书馆应承担的功能。图书馆不仅讲究图书的数量，更讲究图书的利用率。从某种程度上说，唯有读者爱进的图书馆，才称得上是称职的图书馆。那么，《籀园》则是阅读文化的延展了。

◎《问津》

天津王振良先生精力丰富，一人主编刊物数种，且各有精彩之处，如《天津记忆》《问津》《品报》……今年，南京的《开卷》也加入这个矩阵。2013年创刊的《问津》，是由王振良先生主编、问津书院出品的民间刊物。

《新文学史料》主编郭娟说：“每一本像过去小人书那样的开本，一本一个主题，有关于孙犁、刘云若等作家的，有关于天津某地界儿的，有关于曲艺的，有关于津门烟话的，有关于各类人物如卢木斋的，都是难得的史料。”这大致也是《问津》的特色所在，猛一看，是《天津记忆》的延续，实际是将地方文史向纵深挖掘。

在《开篇絮语》里，王振良说，《问津》是凝聚天津地域文化研究者和爱好者，以“追寻津沽记忆，守望文化家园”为宗旨的平台。他特意指出杂志要好玩，“所谓好玩，于个体应当有趣，于他人应当有益，于社会应当有用，只有这样的平台才有可能坚稳牢固，不受或者少受外界风浪影响”。这也是读书刊物的一种境界。

《问津》顾问，系前不久刚刚离世的著名学者来新夏先生。在地方文史研究方面，天津之所以能走在全国的前列，跟老学者、专家的支持分不开。也正是这样一种文化氛围，才有了《问津》的不断开花结果。

在谈到刊物的今后发展时，王振良说，展望未来是没有用的，现实总是残酷且无情。不过既然已经开了头，仍然希望《问津》能够走得远些……

◎《天津记忆》

《天津记忆》挺复杂的。通过与杜鱼兄沟通，才有个大概了解。

《天津记忆》的“版本”有多个，其中在民刊领域最有影响的，是三十二开的“小白本”，我所见到的目录即有一百二十余期。“小白本”属不定期刊（最初计划是季刊），2008 年 10 月 15 日，由王振良、张元卿、穆森等创办，署天津市建筑遗产保护志愿者团队编辑。刊名题签来新夏，封面设计唐文权。印行六十多期以后，因人事变迁，刊物基本由王振良维持，张元卿襄助。

“小白本”之前，2008 年 8 月，印过十六开年刊（2007 年度），蓝色布纹纸封面。可算作试行，只出此一册。“小白本”之后，2008 年 12 月，王振良又主持过《天津记忆》周刊，是与《今晚经济周报》合作的产物，到 2010 年 1 月结束，刚好出满五十期。那个志愿者团队，还短期印过内部工作通讯，是谓《天津记忆》半月刊，大约只有十来期。

范白先生曾评论“小白本”说：“《天津记忆》的封底有两句话很朴素，但却铿锵有力：保护文化遗产，留住城市记忆。想不到这本不算精美的小册子，竟然承载着这般的历史责任感，不由得叫人心生敬意。《天津记忆》作为一本刊物，每期一个主题，择取或者钩沉一些鲜为人知的人物及其著作进行点校，然后自筹经费刊行，分赠同好。做这项工作的团队不抱任何名利之想，事实上也没有任何利益可言，只是为了文化的抢救与传承，把业余时间和精力都花在这个工作上，既出力又出钱，这是功利之人不能够理解的。”

做这样一份刊物，真是不易，组稿、编辑无不是费心费力。《天津记忆》内容十分宽泛，关涉天津历史民俗的各个方面，即所谓有益于乡邦文化发掘、研究和推广。每期都有精彩内容亮相，如天津南市、大直沽、陈家沟子、堤头、铃铛阁，如天津解放桥、老城胡同等天津地名，如刘云若、宫白羽、孙洪伊、刘髯公等人物，涉及天津城市历史文化方方面面。又如来新夏教授米寿庆祝专号，连续出了六期，真是创举。这份坚持，是源于对城市记忆与遗产保护的深沉的爱。

每次收读这份小刊物，都有些许激动。至今，也很少有城市有像《天津记忆》这样的刊物出现，这背后的原因固然不是说城市记忆不重要，而是在挖掘记忆时，可能面对的困难让许多人选择了退缩。

◎《温州通史编纂通讯》

温州市在2011年3月启动《温州通史》编纂工作，同年7月创刊《温州通史编纂通讯》杂志，每年出刊两到三期，不定期推出增刊，主编为卢礼阳先生。这看似地方文献整理的副产品，却可看出《温州通史》编纂的过程。

《温州通识编纂通讯》杂志内容除编纂动态外，开辟“史事考订”“文献丛谭”“学林忆往”“人物天地”“专题目录”等栏目，围绕温州人、温州事、温州书，挖掘刊布史料。2013年底，卢先生记：“今年编印三期。年底增刊，内容不亚于前两期。人物天地一组，刘节、董每戡与唐湜、苏渊雷、徐规、王来棣等，可谓文化界的代表，温州人的骄傲，他们的遭遇、为人与业绩，重温之下，耐人寻味，令人感佩。”

这几年，不少地方在做“通史”，大都是当成一个政绩工程来做，内容的粗陋时有所见，至于传承地方文化，更是稀见了。《温州通史编纂通讯》所做的努力在某种程度上正是寻找已丢失的文化记忆。当我们谈文化基因时，倘若没有这些细节的打捞，历史可能变得虚无起来。

相关学者、专家也时常就刊物内容给以建言，或发表相关评论，如范笑我在博客里曾说，创刊号今年7月编印，其中第十六页，谭其骧的弟子吴松弟在“编纂研讨会”发言中说：“我们都是出于对温州的一份关注，也是出于对学术的一份热爱来到这里。就本人来说，原来也是犹豫了很长时间，要不要接任《温州通史》的主编工作，后来在多方的开导下，我自己也慢慢提高了编写《温州通史》的一个认识。”由此可见杂志的受欢迎程度。

◎《天香》

图书馆办读书刊物不稀奇，但一家图书馆办有多种，则很难得。苏州市图书馆除了《今日阅读》外，今年世界读书日来临之时，新创办的《天香》报首发，其宗旨为“分享阅读，传播书香”，月报。早在2013年，苏州图书馆即创办天香读书会，读书会不定期开展“经典诵读”“名著讲座”“昆曲品茗”“古琴欣赏”“你推荐我读书”（推荐名著和苏州地方文献）、“半日馆员生活”“图书馆行风监督员”“书虫志愿者”等活动，而《天香》可谓是读书会的延伸了。

关于《天香》报的取名，其主编解释为，一方面是因为苏州图书馆馆区内拥有的全国重点文物保护单位的“天香小筑”。另一方面则取意于“如果有天堂，天堂就是图书馆的模样”的名言。

《天香》报每期四版，一版为《苏图》，主要披载苏州图书馆近期发生的重要读书活动和文化新闻；二版为《品香》，与阅读尤其是与淘书、读书、藏书、写书等书文化主题有关的散文随笔、小品文，以及中外古今读书方法的介绍等；三版为《吴风》，集中刊登以苏州文风、苏州史事、苏州地方文献、苏州藏书家和读书人等题材的文章；四版为《缤纷》，是馆藏佳作品赏、好书评介和新书推送的园地。

在林林总总的读书报刊中，《天香》报的理念让人想到的不仅仅是阅读，还是精神食粮的部分，这在这个时代依然是很美好的事物。

◎《读书人报》

前段时间，有缘由桑农先生带着造访安徽师范大学图书馆，看其收藏的民国版老杂志。在二楼见有《读书人报》编辑部，这才知道有这个报纸，倘若不是学校中人，怕是难得一见。

《读书人报》创办于 2006 年 6 月 18 日，季刊。第一版为学校读书通讯、新闻报道；二版为服务之窗，多刊登图书馆的讲座活动，或学校里的名家讲坛；三版是书海拾贝，多为书摘文章，或与阅读相关，或介绍读书经验，不一而足；四版为心香絮语，该版块为学生作品的展示，或读书感受，或诗歌抒情。

在报纸的创刊词中，编辑说："师大图书馆建于 1928 年，悠久的历史也积淀了深厚的文化底蕴，本馆现有图书两百多万册。文献收藏范围广，品种多，尤以古籍多，地方志全为特色。21 世纪的今天，我们紧随时代的步伐，朝着数字化和网络化的方向迈进，实现了图书馆的现代化管理，为了更好地传递馆信息，形成与广大师生良好的互动，营造更加健康活跃的文化氛围，我们创办了《读书人报》。”可见，报纸的创办，旨在为学生提供更多的文化服务、提升学术水准。

大学图书馆办杂志、办报刊的很不少，但大多不为外界所知，原因是馆报除了为本校服务以外，缺乏应有的发展动力。因之，这样的报刊办得良莠不齐。这或许需要更多的爱书人参与其中，才有可能将读书报刊办成爱书人的精神家园。

◎《宁阳读书人》

虽然平时也常常翻书，但对许多地方还是不甚知道，比如宁阳。我知道它是因为2011年4月，宁阳县图书馆发起、组织、成立了宁阳县读书人协会。10月，协会创办了《宁阳读书人》，季刊，长方形的杂志，小巧。每期八十页左右，内容也很可观。

《宁阳读书人》办刊宗旨是“推动全民读书、营造书香宁阳”，为宁阳读书人提供一个读书心得、思想交流的平台，使广大读者及时了解协会动态和宁阳乡土文学作品及最新书市。刊物栏目包括“协会活动”“推介导读”“泛读零札”“藏书史略”“读书动态”“百姓讲堂”“圣邻书院”“特别策划”“文学前沿”“好书快递”“馆藏精品图书”等。

做杂志，离不了各种活动带动阅读的氛围，《宁阳读书人》曾举办宁阳县首届读书论坛，论坛有专题讲座、专题研讨会、学术交流等多种形式，并且评选“藏书家庭”“中国藏书之乡”。这对宁阳来说，不仅仅是一个称号，而是将阅读深入基层当中去，这或许能更好地推动书香社会的发展。

值得一说的是，《宁阳读书人》主编石玉奎本身是作家，出版作品多种，对阅读、藏书都有浓厚的兴趣，之所以做《宁阳读书人》，可能是他不仅仅满足于有一个阅读平台，更想要营造一种书香氛围。这样的刊物虽小，却可繁荣一方地方文化，也是件难得的事。

◎《读书台》

2014年春天，江苏常熟图书馆创办了读书杂志《读书台》季刊，其亮相改变了常熟没有读书刊物的历史。这是中国图书馆学会阅读推广委员会、中国阅读学研究会指定的书香园地。

刊物的命名是源于常熟虞山东南麓的“昭明太子读书台”，现存建筑为一座明代复建的飞檐挑角、踞石而峙的石结构方亭。徐雁先生撰文说：“绵世泽莫如为善，振家声还是读书。”（翁同龢联语）在常熟文化史上，正是由于历代文人雅士的倾心爱护及不断投入，才丰富了今日虞山书台公园中的环境植被，且不断增殖着以“昭明太子读书台”为中心的地方人文资源。如今这一优秀的人文传统，再次被常熟图书馆接棒继承了。一份以《读书台》为名的导读小杂志的创刊，正意味着“与其饱食终日，宁游思于文林”的传统精神文明因子，将在全民阅读推广的新时代得到发扬光大。

《读书台》的常设栏目有“特别推荐”“经典常谈”“游文书院”“守望人文”“温故知新”“铁琴铜剑”“书台怀古”等。杂志以充实鲜活的内容、新颖独特的视角、深沉动人的力量、新锐进取的姿态作为办刊的指导思想，可谓得时代之风气。

《读书台》刚一亮相，就荣获了“2014 中国图书馆阅读推广类内刊内报提名奖”。这几年，像这样的读书刊物获奖的案例也不少，这说明了爱书家们对读书刊物的理念认同的同时，也给予了更多的期待。

◎《越览》

读书刊物《越读》今年因故停刊，随后，读书团队重组为越览书社，创办《越览》季刊杂志。书评人许新宇说：“她从《越读》而来，蛰伏后的华丽变身，带出的是破茧而出的美丽，新颜装帧更疏朗雅美，开本更大气雍容，流露出内敛厚实的自信，新刊散发出的新气象令人耳目一新。这份来自诸暨的民间刊物，彰显了越国故地、西施故里之现代读书人的气度。”

《越览》杂志的栏目分为“览古论史”“诗文新笺”“人物春秋”“岁月屐痕”“览识辩见”“旧文赏读”“闲斋书话”“雅室清玩”“书画论道”“书事论道”等。内容几乎涵盖了与阅读相关的种种，清雅可读。主编周音莹在《乖乖读书 守正出新》一文里说：“《越览》之创刊，亦体现一点读书人的正与新，或许抛砖引玉，或许引人入胜，呼唤同道，继续成就一份读书人的梦想罢。”

在其创刊号的封二有诗句说：“每一个季节 / 都演绎种种物是人非 / 我只领会那些 / 温暖的部分 / 譬如阅读 / 春日江南。”这似乎是预示着杂志的新生与发力。

值得一说的是，越览书社除了办杂志之外，还持续做一些诸如讲座、签售的系列文化活动，同时还推出了“越览文丛”，其首册是诗人李国林的《冷香簃吟稿》，封面配以清新淡雅的兰花，暗契“冷香”袭人。这一风格也延续了阅读的人文精神。

◎《掌故》

20 世纪 70 年代，香港有《掌故》杂志，未曾阅读过。去年，杭州出版《掌故》，青年学者李保阳、虞铭主编，季刊，繁体竖排，古朴又典雅，与平时所见的读书刊物大不相同。此刊征稿例言：只谈掌故，不谈风月；注重原创首发，篇幅不限；且“力图为华文圈后来者留存一些民间角度的史实”。

李保阳在创刊号的《编后记》中写道：“前年冬天，我和省图书馆的陈谊兄雪夜会于黄龙馆善本部，那是我们第一次见面。聊了很久。其中就说到欲把杭州读书圈的朋友联合起来，共同办一份同人小刊物，以记述文史掌故为内容，文笔追求轻松活泼，既不像梁实秋、周作人诸位先生的空灵闲适，也不同于学术文字的严肃认真。这个想法，我们一拍即合。记得陈谊兄用了八个字概括道——‘只谈掌故，不涉风月’。此后，这一动议因为我们皆忙于工作，暂时搁置了起来。去年底，虞铭兄陪章太炎纪念馆王永翔兄来杭州吴宅宝贻斋访书，约我和陈谊兄同去，由宝贻斋主人严晨兄做东会于岳官巷市楼，席间又及此事。热爱文史的虞铭兄闻听此事后，亦欣然加入。”

对传统文化的关注一直是《掌故》的中心，所以谈文论艺，都是有所根据，不尚空谈。民间读书刊物，经历常常复杂多样，《掌故》从第二期开始改为繁体竖排，增加了不少工作量，原定每年四期，也不能按时出版。不过好在大家坚持，所以每期都有新意，读来尤堪玩味。

◎《文华书潮》

早些年的武汉，还有几种读书刊物，可惜随着人事飘零，渐渐淡出江湖。在今年的世界读书日期间，武汉大学图书馆推出了《文华书潮》杂志，季刊，小开本，装帧设计精美。

《文华书潮》之所以取名为“文华”，源于“私立武昌文华图书馆学专科学校”，这是我国第一所专门培养图书馆学人才的学校。她以“智慧与服务”相尚，志在推广中国图书馆事业，使人人都有书读。杂志开设的栏目有开卷、专题、书评、书脉、书架、书史等，选文兼顾各种类型的文章，侧重于与书籍、阅读、图书馆及武汉大学有关的访谈、旧事、随笔、赏读、书评、荐书等，特别是对阅读具有指导意义的文章，尤为推重。

在发刊词《读书的习惯与力量》中，主编王新才谈道："当个人养成读书习惯，就不会轻易受到愚弄。当社会形成阅读风尚，就会出现多种声音。一车柴着火了，一杯水是浇不灭的，但我们每人都有一杯水。我们创办这本《文华书潮》，就是为了鼓荡社会的读书风潮。"

做读书刊物，不仅要有一个好的理念，也需持之以恒地在阅读中耕耘。所谓的书潮，与其说成是潮流，倒不如说是阅读风气的培养。大学气象的来源，更多的是爱读书、善读书，从这当中找到做学问或做人的道理。

◎《诗意灵川》

不少读书刊物虽创办历史不短，却鲜为人知。灵川图书馆的《诗意灵川》即是如此。杂志创刊于 2005 年 7 月，原名《书香灵川》（双月刊）。2011 年 1 月灵川图书馆实行全面免费开放后，《书香灵川》更名为《诗意灵川》，月刊，内容以地方文化、文献为主。

我偶然得知这本杂志，却在网上找不见它的更多信息。后来通过电话联系才看得到刊物。《诗意灵川》栏目设置有"文化时空""阅读之窗""古迹揽胜""诗意灵川""百姓讲座""新书推介"等，有时还会加入桂林美食的内容，既有阅读氛围，又有生活气息。杂志立足于灵川，依托大桂林，从多个方面，展现得天独厚的本土历史、旅游、民俗、人文文化。从我所见到的杂志看，内容多为文摘，这对编辑刊物而言，自然轻松许多。

从版式上看，《诗意灵川》颇为简洁，也有内涵。读书刊物在某种程度上不仅要关注阅读，也要关注地方文化的延展，比如书画、摄影等艺术都可囊括进来。倘若仅仅着重于地方文化，而忽略掉与外界的沟通和交流，刊物就可能做成自娱自乐了。其意义也就有所折扣。

有意思的是，阅读整本杂志，找不到普通杂志所具备的卷首语、编辑观点等方面的内容。从文摘的质量上看，大致能看出杂志的口味。这种将文摘直接呈现的方式，就是在打造一个阅读平台，读者可根据各人的需求去选取阅读的内容。

◎《行走南书房》

深圳的阅读文化一直非常浓厚，各种民间阅读组织林立，读书会多种多样。2013 年 11 月 1 日，深圳图书馆南书房对外开放。2014 年 4 月，深圳图书馆创立了读书刊物《行走南书房》，季刊，每期近百页。其宗旨为“激活经典著作、倡导人文回归、沟通馆员读者、鼓励分享交流”。

所谓“南书房”，并非是指皇家典籍，而是强调对传统经典的阅读。这在众多杂志中也属少见。《行走南书房》的栏目分为：“特别策划”

“名人谈阅”“经典重现”“经典品读”“馆员评书”。在特别策划中，推荐了由北京大学博导、中国阅读学研究会副会长王余光教授主持编制的“2014 南书房家庭经典阅读书目”三十种。如今不少书单以必读的名义出现，我倒觉得这应该根据各人的需求选择阅读。

在发刊词中，主编张岩说：“保存文化、传承文化是图书馆的职责所在，重视经典绝不意味着排斥当下。经典以其深厚的人文内涵不断被重新解读，甚至以时尚的形式聚焦演绎，对人类文明演进发挥着持久的影响力。同样，在移动互联时代，我们希望这样一本纸质移动读物，也能与您相伴。”这种期许在当下难能可贵。在强调阅读的过程中，我们该如何读书，读什么书，因为经典书籍的介入，或许不再是一个难题。

在面对阅读的困境时，朱自清曾说：“经典的价值不在实用而在文化。”《行走南书房》所提供给我们的也正是这种文化分享。

◎《厦门图书馆声》

厦门文化的丰厚不仅有民国老建筑，也还包括诗人舒婷、作家连岳等，他们构成了厦门的人文风景。而厦门图书馆所做的《厦门图书馆声》，若追溯历史，可以到 1932 年 1 月，宗旨为“报告本馆状况、灵通图书馆消息、交换图书馆学识、鼓吹图书馆事业”，1935 年因故停刊，此时已出版 4 卷 43 期。

后来，厦门图书馆创办了《厦门图书工作简报》，2000年6月改版，沿袭《厦门图书馆声》刊名，双月刊。新版杂志以全方位展示厦门市图书馆、探索图书馆发展实际、加强与读者间的互动为宗旨。 其栏目设置包括“赠书鸣谢”“业务动态”“专栏”“读者活动”“微厦图”“技术提升图书馆服务”“参考咨询服务”“业务统计”“图书馆新馆”“读者论坛”“文化沙龙”“文献集萃”“馆藏寻踪”“交流”“图书馆探索”“读书驿站”“轻松一刻”“综合信息”等。从内容上看，《厦门图书馆声》兼顾的是馆藏与阅读文化的推广。

图书馆创办的刊物，基于是馆藏，常常忽略掉与外界的沟通与交流。而《厦门图书馆声》则以开放的心态关注阅读推广，将形形色色的活动也纳入进来，杂志转变成为一个展示的平台，由此推动了阅读氛围的培养。

在这个过程中，种下阅读的种子，总有一天它会生长、发芽、开花，这一个过程也是图书馆的价值体现。常常我们谈到一个地方的文化发展，倘若忽略掉了这种文化上的启蒙，就无法探讨它的根源在哪里。这一种“馆声”则象征着文化流动中的因子了。

◎《理想国书讯》

北京贝贝特是最近十年发展最迅速的出版机构。在其成立之初，就推出了《书天堂》，季刊，以介绍其推出的新书。在贝贝特成立十年之后，又推出了“理想国”这一文化品牌，“理想国”的理念是“想象另一种可能”。它不是倡导某一种理想，不是要提供另一个乌托邦，而是希望唤醒对于理想本身的热情，激发年轻人的想象力。其书讯也改为《理想国书目》。

2012 年 7 月，除了定期推出书目季刊之外，还新创办了《理想国书讯》半月刊，将新书资讯、活动预告、微信精选、媒体关注、图书排行榜等信息一一展现出来。这样就给了读者更为直观的印象，而这也可看作是一个出版机构的发展史。

与一些书店定期推出的读书刊物相比，《理想国书讯》更注重资讯的传递。在不少书友眼中，理想国之所以能成为理想国，就在于给人提供了想象的可能性。当现实生活充满了不确定因素时，至少我们还可以眺望外面的世界。

《理想国书讯》摒弃了阅读理想之类的词语，挖掘诸多的阅读细节，从而将阅读还原为日常生活。在大多数时候，阅读变得奢侈，并非是我们缺乏阅读的习惯，而是在现实生活中，阅读，并没有让我们的心灵安放。如此来看，理想国固然有一种理想主义在其中，但也是对我们现实生活的观照：“理想国”将会成为一个平台，一个容器，它将营造一个开放的空间，让各种文化思想、艺术观念和生活方式在这里得到充分展示并交流互动。

在创刊词里，编辑如是说：“我们相信，每一种理想都是平等的，许许多多色彩斑斓的理想，将汇聚而成‘理想国’。”

◎《中华书情》

在众多出版社推出的书目当中，有特色的很不少。2006年，中华书局创办了《中华书情》，季刊，由中华书局副总经理沈致金先生亲自担任主编。杂志每期虽只有六十四页，却涵盖了中华书局的大量资讯。

从《中华书情》的栏目设置看，还没有将“中华精神”更好地体现出来。这时的栏目分为“精彩书摘”“重点图书”“普及读物”“古籍整理”“学术著作”等综合整理分类介绍，同时，记录该季度中华书局发生的大事。尽管如此，对很多读书者来说，这已经是一本不可多得的精良杂志。

2011年，《中华书情》改版为《中华书》，版面更为清雅。此外，还将栏目进行了相应的整合，提出了“文明、文化、传承、传播”四个关键词。这种概括，简洁却见精神，可以说是中华书局的发展基石。百年中华，无疑对中国文化的发展起到不可估量的作用。在其百年再出发的专题中，有段话是这样说的：

> 出版业先驱者，以传播文化、开启民智报国。百年中华书局，应梦想而生。一百年来，我们常怀不安，问这梦想是否坚定如初。一百年来，我们常怀感激，身边又万千读书写书人。在不安与感激之下，唯有认真做人，认真做书。

《中华书》以认真的姿态，传扬着中华精神。在文化传承这一点上，或许中华书局的努力，值得爱书人致敬。

◎《三联书情》

民国时期，不少出版社、书店都在尝试邮购图书，因此书目的制作就很关键。老牌的三联书店在2004年推出的由黄苗子题写刊名的《三联书情》月刊，就是这一类型的刊物。从其早期的介绍，也许能看出它的人文情怀：不定期出版的小册子，在一些书店免费赠阅。关于三联新书的消息，还有一些读者来信，一点点关于三联的故事……

《三联书情》的栏目设置有“新书”“话题”“看点”“活动回放”“书友”“老书”“排行榜”“编后记”等。话题是每期一个专题，而看点，在后来改为“吹毛求疵”，编辑曾说，顾名思义，这是一个恭请读者挑错儿的栏目。这个栏目征集热心读者对三联方方面面的片言只语：图书内容、质量，服务优劣、硬伤软肋等等。我们期待着读者畅所欲言，言之有物，内容不局限在事关正误的辨析纠正，同样欢迎与三联图书的内容、观点，甚至装帧、设计相关的任何商榷、辩论性的文字。这个批评性的栏目是其他读书刊物中少见的。

有位书友说：“从封面字体设计（黄苗子先生题），到内容美工排版（色彩以灰蓝绿色调为主，奠定了书店的品位），再到印刷质量（虽然是一本免费赠送的册子，那印刷毫不含糊），在我看来都属上乘，由此可见三联书店的文化品位，特别是三联书店的历史渊源更加吸引我，我的收藏欲便由此而来。”

三联书店的人文情怀，或许才是读者最爱它的原因。而《三联书情》所承载的，就是文化传承了。

◎《新星读本》

新星出版社推出《新星读本》应该是在2005年。按照编辑的说法，“这不是一本传统意义的书讯，他有名家手记、作者访谈、深度报道、精彩书摘、读者心声、媒体评论和当季推荐，让你轻松完成新书的七百二十度全景跟进。”

《新星读本》为季刊，随季节分为春、夏、秋、冬四卷，在以后的年年岁岁，有它陪伴，也真好。记得有段时间，新星出版社的午夜文库系列的宣传语是“阅读之前，没有真相”，后来也成了杂志的推广语，这也很暗合新星的口味。

早期的《新星读本》除了“新书介绍”，还有“书摘”“书评”“专栏”等内容，将一季度推出的好书一网打尽。后来，杂志增加了“特别消息”（类似于专题）、“重磅推荐”“媒体声音”（媒体对新星出版物的报道）等栏目，看上去更像是一本杂志。

《新星读本》在众多的“书情读本”中是很有特色的一个。这样的刊物大都有出版机构的宣传营销部门承担编辑工作，由此可以窥见一个出版机构的动向。但大多数时候，这需要编辑集思广益，才能将刊物办得活色生香。主编于飞在编辑刊物之余，也常常撰写书评，因之能更好地将阅读与分享结合在一起。有位书友曾说过他的阅读感受："里面的内容介绍以及读后感，文字精美而有深度，让人愿意去阅读，也会唤起人们的购买欲。"这也构成了《新星读本》的特色。

◎《阅读文化》

图书馆不仅是全民阅读活动的载体，也在阅读推广中起到重要的作用。宿迁市图书馆 2011 年 6 月创办《阅读文化》，季刊。这是宿迁市图书馆学会的会刊，也是苏北地区公共图书馆首份馆刊，定位为"大阅读、大文化"。

《阅读文化》主要栏目设置有："阅读讲座""书评书话""书海钩沉""读者服务""新书导读""少儿阅读""报刊阅读""数字阅读"等，既有阅读专家的研究文章，又有普通读者的读后感；既有精彩生动的导读，又有雅俗共赏的评论。以此来进行阅读推广、弘扬本土文化、倡导终身学习理念，为宿迁图书馆界和阅读界提供一个学术研讨、思想交流的平台。

2012 年，宿迁市图书馆又与宿迁市生肖集邮研究会合作推出《生肖文化》杂志。一年之后，两种杂志合刊。合刊收入生肖传说、生肖旅游等研究性文章三十多篇，有关生肖的图书文献一百六十多种，十二万余字，以倡导"读万卷书、行万里路"的"大阅读"理念。此后，每期还设置一个与阅读有关的主题，将相关文章集中发表，以增加办刊深度与厚度。

《阅读文化》刊物也会针对一些话题做专刊，如宿迁籍著名诗人刘家魁先生六十岁生日时，推出刘家魁花甲纪念专刊。专刊共分“简介年谱”“诗作选登”“散文随笔”“短篇小说”“家魁诗话”“师友评论”六大版块。在世界读书日期间也会推出特刊。这种灵活的出版方式，让杂志变得更为轻盈。

读书刊物，不一定非得以读书为主，而是以增见识为主。《阅读文化》提供的既有阅读现象的剖析，也有阅读文化的延伸，显示的是阅读无处不在。

◎

卷二

读书民刊漫记

◎小引

2007年3月16日，《天涯读书周刊》创刊。《周刊》依托天涯社区的天涯读书版而存在。在创刊词中，我说：“《天涯读书周刊》应运而生。”这是基于以下理由：对于读书人来说，《周刊》可能是多一种阅读的选择，也方便与更多的朋友分享阅读。因此，在我的设想里，它是提供一个平台，一个思想交流、一个众生平等、一个自由放言、一个即使交锋也心平气和的平台。

这样一个平台，也是读者需要的。

虽然《天涯读书周刊》历经了从周刊到旬刊、半月刊，编辑人员的流动等变故，但我想，这是大多数刊物会遭遇的问题，并不具有特别的意义。因此，这里记录下来的是与《天涯读书周刊》相关的人或事，这样的故事每天都在QQ群、MSN群流传着。它们构成了《周刊》的一部分，同时也是《周刊》成长的见证。

◎清辉加入作协

淡淡清辉乃天涯网友，本名邹辉，武冈城西乡渡头桥人氏，工作在成都，且是IT行业，至今无缘得识。

开初，邹辉是时常给《周刊》供稿的作者之一，如《情人当如沈从文》《愤怒背后的悲凉》等文，没曾想，2007年她能加入武冈市作家协会，还得源于《天涯读书周刊》，作协的评介说：其作品以散文见长，亦涉猎诗歌、小说。其博客点击率位居天涯网前列，极具潜力的青年文艺作者。

关于她的名字，亦有些来历。“清辉”二字的意思，流沙河先生道：清辉一般指月亮。并在我写清辉二字后添上“玉臂寒”，又在上面写“香雾云鬟湿”。沙老解道：此句出杜诗《月夜》，以雾湿发、月寒臂之想象，道出诗人心中对妻儿之思念；张九龄诗又有“思君如满月，夜夜减清辉”。以月拟人，言渐为残月而容貌憔悴矣。其实早在汉代乐府诗里，就有以清辉比月之诗，可惜我记不确切了。不过，这都没关系，怎么说都是一段网坛掌故了。

◎见识书情书色

大概2000年前后，我上班的地方订有一份《深圳商报》，最喜周末的《文化广场》，谈文化聊图书，版式疏朗，都是那么安逸自在。很想结识一下主编胡洪侠，可惜无缘得识。但他的小书《给自己的心吃糖》《老插图新看法》都在书店里零散地遇着，悉数买下。

2007年五一节时，胡洪侠到成都来旅游。说是旅游，倒不如说是淘书，自然是要见一见，我知道消息晚了些，在梨花街的淘书斋，我到时他正在书架上检阅，时而抽出一本来看。因为下午他要赶回去，随后就在麦当劳略为坐一坐，聊了聊，颇为开心。《周刊》刚刚开张，万事俱备，只欠稿子。我自然就聊到他的书情书色系列，谈书说事，怡然自得，有意思得很。一说之下，稿子没问题，用就是了。就这么着，每期都有他的专栏，成为一种品牌。我不知道后来有些朋友写这样的文章是不是跟这个有关系，我没做考证。

◎原来是同事

有一阵子，《天涯读书周刊》QQ 群加人不少。有天，有位女生加进来，说是叫陈成，成都做媒体的。这也不鲜见，本来做周刊的目的就是搭建一个读书交流的平台。接下来私聊，原来我们在同一幢楼上班，她所在的《先锋中国评论》杂志在二十一楼，而我所在的《成都客》在二十二楼，不但是同一幢楼，更巧的是之前我们还在新华文轩共事，只是不在一个部门罢了。这事居然也能遇到，算不算巧合？

终于有一天见了，才恍然知道，原来是曾经多次在办公室相遇的美女哪。那以后，因为她也在做读书的内容，交流很是不少，对文化圈也有了更多的关注，对《周刊》她也提了不少好的意见，比如内容、思想等方面，都少不得谈一谈，自然也借助《周刊》给她组了几次稿。当然，更为重要的是在同城之中竟有这样的书缘。

◎阿滢话书

认识阿滢是源于他在闲闲书话连载的《秋缘斋书事》，我冒昧地向他求书《寻找精神家园》一册，随后写了篇文字，就这么交往了起来。那以后我们经常在QQ上交流，他主编的《泰山书院》《新泰文史》每期都有赠送，对他的爱书成痴、交游广泛，网上网下都可见其身影，我早就知晓的。有次我跟青岛的薛原在网上闲聊，我一说阿滢的大名，他就说起阿滢的许多书事来，真令人向往。

刚开始做周刊时，我就把阿滢列为重要作者之一，他记录的书人书事在网上的读书博客中是一景，像徐雁、龚明德、冯传友、葛筱强等爱书家都是要常常去闲逛的，网友李文蕾云：“其文风自然亲切，给人清新朴实之感。”我把约稿的事跟他一说，没想到他二话没说就答应了下来，你看中的稿子随便取。这可真是大支持了。因他写书事，后来想着做一套“书生活文丛”，自然想着有他的一卷，也算是对周刊作者的一种补偿吧。

◎小范围传阅

《周刊》刚出来那阵儿，我只敢像地下小报似的小范围流传，即便是贴到网上，也是生怕被爱书家看到，一不小心出了丑。某一天聚会，见着作家冉云飞，开头他就说办得不错。我呵呵一笑，然后就是批评了，内容呢要丰富，涉及面要广泛，思想财经不能少。这当然都是极有见地的意见了。我找个小本子认真地一一记下来。在外头，他也大力地推荐。现在做网刊，没点资本的怎么敢做？乱做一气，也不会有啥子影响。但《天涯读书周刊》跟他们比，就大不一样了，然后就一大段表扬。得，我趁热打铁，就说，你的文章，我直接从博客上取，不跟你打招呼就是了。他大手一挥：没得事，只要你不怕惹事就成。

其实，谁都知道冉云飞的博客尖锐，在网上是关关停停，倒让人想起以色列诗人阿米亥的《开·闭·开》来，很多人看不上，总觉得四川再没有人才，也未必要让一个重庆人（他系酉阳人也）充先锋嘛。这都不管了，只要文章适合周刊，照用不误，咱们做的是读书的事，又能有什么不对的地方。有时我真搞不懂，现在的读书人越来越世俗了，现实生活关注得多一点，似乎就成了歹人。

◎好看的周刊

2009 年 5 月，周刊的蓝紫木槿去宁波参加中国阅读学年会，见着了徐雁老师。回来她就在 QQ 上说，徐老师知道咱们周刊，还经常看。要知道，徐雁老师是爱书家，对读书民刊的起起落落了如指掌，而且参与好几份民刊，能常看的恐怕不会很多。蓝紫木槿参加这次活动时，带了好几份打印出来的周刊。有不少朋友看了都说，这周刊得出纸质的啊，因为它好看。但我们都太清楚了，一份读书民刊能坚持下来已经不容易了，还要面临着经济压力，像一些民刊，办着办着就消失了。可惜啊。如果是做成电子版，压力就少一些，仅仅是自己花一点精力，若坚持得足够久，多少也有些成绩吧。

当然，我知道，喜欢周刊的人不少，这可不是周刊有多大的魅力，而是爱书人喜欢看轻松的文字，大家谈谈书、聊聊天，这就是书生活。后来，我看到一个年会的小册子，上头写着蓝紫木槿的大名鲁燕，是图书馆阅读指导部的专员。我不知道这是个什么样的职务，大概就是管阅读的事儿。

◎红火，要长久才好

在刚开始做周刊的时候，几个人的积极性都很高，想着做成周刊，一期就三四万字的样子，人手一两个肯定忙不过来。就招编辑，一下子招了四五个人来，做什么工作的都有，这不重要，重要的是爱书就成。说是编辑，也没明确的职务划分，基本上做下来是个人独力主编。这样做的好处是周刊的风格多样化，选文也就气象万千，但这也面临着一个问题，判断文字和选文的标准都不固定的，招数多，但热闹归热闹，却稍显混乱。热情过后，大家做的就有点懒心无肠了。

怎么办？编辑长期不能编稿的，就进行调整吧。人员的更迭是正常的，但要保证每期按时出来，这有点难。于是就谁有时间见缝插针地做。这样下来也不是办法，但又无可奈何，因为大家都是义务做，并不拿一分钱的工资。人员变来变去，周刊的出版时间也几经变迁，周刊、旬刊、半月刊都试过，栏目也调试过多次。这都是杂志成长的常规做法，一年二十四期，压力不是很大，遇到重大的节日再出下增刊，算下来，一年也就三十期的样子，这也足够了。

◎分享读书

读书在市场报中占的份额越来越少，似乎大家都不读书了似的。要做也是做一些流行的书。那些好书，只有读书民刊才会推荐。但读书民刊限于人力、财力的支持，往往坚持不了几年，就关门了。还有一个原因是发稿要付稿酬，但民刊支撑办刊已经所费不赀，如果再加上一大笔稿费，那无疑是越做越困难。在这种状况下，做电子杂志，似乎是最可行的一条选择。

《天涯读书周刊》即有这样的初衷。不过，我更乐意把这事想象成好书需要更多的人来分享，这也许是最靠谱的事儿。大家平时上网，也就是分享资讯的过程，读书何尝不也是这样呢。豆瓣网做的就是这类的活。尽管有些小众，但支持的人不少。在做《天涯读书周刊》时，我们设想的是，它的内容更为广博一点，兼具纸质的读书民刊和读书网站的一些特点，这样做下去，似乎很不错了。现在来看，这样的选择，固然没有使周刊壮大起来，在网上的读书圈内，也是小有名气了，足矣。

◎早就名声在外了

2009年4月，我去昆明参加“非物质文化遗产与可持续旅游”媒体研讨会，来的都是行业中的专家，我是因为写过几篇报道，有点想法才来参加的，也想通过会议，多一点这方面的知识。因为来去匆匆，只有一天半的时间，大家聊的不是很多。临走时，在大厅里跟大家交换名片。有位霍伟亚，小伙子，很精神，原来我以为他是活动方的，就没怎么聊，交换了名片，才知道他是NGO组织《中外对话》的工作人员。NGO是由国际著名新闻记者伊莎贝尔·希尔顿于2006年创办。该网站提供了高质量和丰富的新闻信息和分析文章，并对以中国为重点的全球环境问题展开讨论。

当时我带的名片，上面写的单位是天涯读书周刊，没想到他也是知道周刊的。就当前的生态类图书问题，我们做了个简单的交流。随后讨论了下是不是可以在这方面合作，很显然，环保也好，生态也好，这方面的图书还是欠缺的。有的书偏向学术，从图书普及的角度来说，能做到通俗易懂，基本上具备了流传的要素。不久，他就寄来了《中外对话》杂志，中英文对照，很适合时下的阅读习惯。以后，《天涯读书周刊》关于这方面的内容是不是应该有一些。回来的路上，我一直在想这事。

◎开书单的事

给大学生开书单不稀奇，但开什么书单有些重要，也有点意思。于是，我跟蓝紫商量，该怎么开一份书单。就现在的大学生来说，如果仅仅是玄幻、穿越的小说覆盖，少了一层公民意识和知识启蒙来垫底，不难想象以后走到社会上是怎么样的人。这样的担心并非多余。读书少一点功利性为好，但我们提高个人的涵养，是不是也带有一些功利在。

蓝紫在大学图书馆工作，对这方面的情况十分清楚，一句话，从借书的频率和方向不难判断一个人的阅读兴趣。可惜，这方面的数据也是不完全的。这也无所谓了，从现在的阅读趋势来判断，大学生对读书这回事越来越不重视了，原因当然跟我们这个时代的浮躁有关。很羡慕那些有书读、有书可以交流的时代，但这似乎离我们都远了些。

◎一种生活方式

每年的世界读书日，周刊都要做一期特刊出来，内容、栏目跟平常差不多。想想，我们每天都是书的纪念日，那该多好。远大空调的老总张跃说，不能让书放在书架上超过七天。我们刚买回来的书，如果不是赶紧读完，放到书架上，也许等蒙上了灰尘才会想起来。我们做的读书日，其实更多的是表达一个拒绝遗忘的概念。

年年岁岁花相似，岁岁年年人不同。图书市场也是这样，每年的书博会、图书订货会无不是一场华丽的盛宴，华丽固然华丽，但到底盛宴的滋味如何，则是每年都不一样。这样一来，纪念才更有了广泛的意义。为此我还跟朋友探讨读书的事，结果是常常寻不见答案。就读书而言，起初我们都是想从书中找见真理，寻求一种思想，到了最后却发现，这样的想法对读书是一种偏见。要知道，读书最重要的目的是让我们享受读书这样一种生活方式，它既不中产，也不小资，只消我们静下心来，打开一本书就是。

◎因书结缘

姜晓铭兄，网名积树居，江苏兴化人也。认识当然也是因为书。也许是因为在网络上混得熟了，就认识了。这不重要。我们隔三岔五都要在QQ聊一聊各自的生活、状态什么的，读书圈有什么消息，传递一下。周刊第一期就选了他的文章。因为熟悉，自然成为撰稿人之一，这在成都话中叫“扎起”。有时很长一段时间没看见他更新博客，就少不得发短信问几句。有时想想，书友之间的来往，还不都是这样，日久天长了，也就有了超越书的缘分。

张阿泉做了一套纸阅读文库，要在成都举行首发式，我知道的消息晚了点，正好跟我去桂林的行程有点冲突，晓铭兄说：“这你得给我整一套，签名本，能是毛边本的就毛边本。”此时，刚好看到龚明德的博客上有此信息，就打了电话过去，说了晓铭兄的想法。然后交代了汇款的事，这事基本上搞定了。他收到书后在博客中写道：这一段整天忙于一些琐事，累人，好在有书读。阿泉兄在《纸阅读文库》签名毛边本上，题签“书林叶拾”句，我喜欢。

◎俗，还是高雅

都说现在是自媒体时代，似乎大家都在自说自话，无非是表达一下个人的情绪而已。但就读书来说，似乎也是如此。周刊每次出来，都有点战战兢兢的，生怕谁站出来说，你们做的什么玩意？不过，这事还没发生过，大抵说来，读书是见仁见智的事，没必要分出一个对错来。有次，我去参加一个书会，朋友说，你们的周刊做得很有意思，想找什么书，也许在那里能找到。其实，我们没想着把周刊办成一个读书指南，更坦白一点说，我们不过是一群喜欢读书，喜欢在书边上写写画画的家伙，不甘寂寞做电子杂志罢了，哪有那么多思想在里面？更何况在我看来，读书是极为轻松的事，如果一个人正儿八经、正襟危坐地去读书，固然是读书一法，但到底是严肃了点，似乎也难以找见阅读的乐趣吧。

◎也算是晚节不保

云南青年学子龙美光在看了周刊之后，在博客中写道：因姚宏越兄多次从沈阳家中发短信催促，而且又因为这是为爱书人准备的礼物，只好将关于小书《文脉书香》的序言和相关评论转给姚兄。没承想，姚兄做得那样认真、那样动情，真是让我感动不已。

姚兄在这期刊物的“编后记”中说：“龙美光这个人有多重身份，一是抗日先锋罗炳辉网站的站长，一是西南联大历史文物收藏家，一是三本诗文集的作者。本期的序跋专栏，我选了两位名家给美光近著《文脉书香》（远方出版社 2005 年 10 月）做的序，我从来不以名废人或立人，我只希望可以借本刊把美光介绍给广大的读者，他今年还未满二十四周岁。朱霄华先生的文章原以为尽是些溢美之词，读到后来越发让人敬重。徐雁老师的序言极长，我从无删除人血汗的习惯，美光又只传来了两篇序言，只好全文刊发；由于字数的原因，前面几位朋友的长文都让我毙掉了，这回也算是晚节不保吧。”

姚宏越，网名米兰天才，早些年活跃于体育论坛，后来转向了文学研究，跟着韩石山先生学习。刚开始的周刊，有七八位编辑，每期一人任主编。这样做周刊也绰绰有余了。

◎讨书不成反蚀米

谷立立是周刊的一位新作者，她写的书评不少，风格跟周刊的要求趋近，更为巧合的是她跟我同城。凑巧她手上有一册《革命之路》，我问出版社的朋友，他告诉我说，你可以找谷立立要书先看看。我就在QQ上问她书的事情，她好半天才回了句：“送人了。”似乎怕我不相信，赶紧又说了句：“嘿嘿，把书弄脏了就顺手给人了。”我有点半信半疑：“哦，不会我一说你就送人了吧。”她这回更为干脆地说：“我一向是脏了就送人了嚜。”记得以前好像是聊过书的事，印象不大清楚了，我只好说：“好像你以前没这样的习惯。”不过，这事似乎就此打住了，因为她接下来说了一句：“晚上没睡好，困了。”看来，我只有找编辑再讨一册了。

过了一阵，她又说，听说你的书不少，改天来看看。我一下就着急了起来，得，那我得看紧一点书了，千万别被她顺了去。

◎坐不住了

有段时间，朋友主持一本文摘杂志的编辑工作。有事没事就在一起聊做杂志什么的，相比较而言，传媒业的期刊版块要落伍于报纸、电视、网络。也许正因为这样，很多人都以为期刊存在着巨大的发展空间。但因为投资人对期刊的期望值很高，杂志出个两三期没见有广告收入就坐不住了，直接怀疑是做事的人没找对，接下来就找个借口像降工资、杂志质量问题等原因换人、改版，如此折腾来折腾去，杂志没做好，已经元气大伤。新出的杂志倒是在市场上时常遇见，但要做得好，能坚持十年八年的很少。我分析说，做电子杂志因为投入和期待的关系，并不是特别商业化，相反的是可以操作的空间很多，因此也就有了做好的可能性。杨不易对此也深有同感，最后得出的一个结论是：做一本好杂志很难，做烂一本比较简单。

◎大学生改稿

周日，跟诗人蒋蓝一起喝茶。他说："我们前年给重庆双安文化传播公司做的几本书至今没拿到稿费，对方称是因为书的销量不好，但我们发现他那里换人很频繁，全部是新招大学生来做，自然质量很难提高上来嘛，你们周刊可以关注一下。"其实，现在的书业不景气跟这个大有关系，民营出版为了节约资金不得不找新手来做，但新手缺乏相应的知识以及能力，难保图书的质量，如此做下来，自然难以把书卖得好了。无独有偶，一位做杂志的朋友说，他们新招的大学生把"横亘"改成"横旦"，把"一千个读者心中有一千个哈姆雷特"改成"每个读者心中都有一千个哈姆雷特"。这样的笑话似乎有越来越严重的倾向，不是说现在的大学生普遍存在着问题，而是他们的做事风格常常是失之严谨，如果查下手边的字典或网络上搜索一下，自然都能解决。多动动手，对年轻人来说，是一件好事。

◎《藏书家》停刊了

阿滢兄前两天说，齐鲁书社出版的《藏书家》在出了第十六辑后再度停刊。《藏书家》丛刊由齐鲁书社1999年4月创办，三十二开本，顾廷龙题签。2005年2月出版第十辑后停刊。2005年9月，齐鲁书社出版了两卷珍藏版精装合订本。2006年11月由北京藏书家韦力先生出赞资助，《藏书家》复刊，第十一辑复刊号改为十六开本，出版第十六辑后停刊，《藏书家》丛刊总共出版了十六辑。现在的读书类刊物生存艰难，并不仅仅是财力的问题，更多的可能跟刊物的定位、编辑的眼光有关，按禅学家的说法就是，它所呈现出来的气场就决定了刊物的走向。做电子杂志何尝不是如此，在快速消费文化的同时，如何才能受到大众的欢迎，的确值得思考。另外，曲高和寡应该是很多刊物，特别是文化类刊物存在的关键问题。

◎推介会

一份刊物的成功是有着多种因素的。周刊刚开始做，说实话，不过是一时心血来潮，也没想到底能做多久，只能说是，走到哪儿是哪儿吧。但这期间得到不少朋友的鼎力相助，撰文介绍是很重要的一块，潘小娴在《信息时报》上时常推介，王不了在《西南铁道报》上也做了系列的介绍，《四川日报》的记者也在豆瓣网上找到了我，说这样的事太安逸了，非要做一下采访才成。很多读书的朋友对稿子的支持更是无私的，只要看上了，“随便用”，不用担心不付稿费而引起这样那样的纠纷。这样的读书环境实在是令人羡慕的。不过，这些做来似乎都是信手拈来，更多的是因为朋友的信任和支持。比如万圣书园的刘苏里先生在开初的几期杂志中专门写文，更多的朋友很乐意把新作拿过来首发，且不取报酬，这都是值得回味的事情。

◎文章的好坏

成都某杂志有个总编助理在一篇写文化自信的文章中说，经过六个回合的邮件商榷，终于把采访方式和时间确定：长途电话，12 月 7 日晚上 8 点。2008 年两会期间，有关山东是否应该投入三百亿建设中华文化标志城的争论闹得沸沸扬扬。时隔几个月重谈这个问题，作为《中华文化标志城战略规划》课题组首席专家的葛剑雄教授仍然很激动。专访进行到 31 分钟时，出现了一个不小的高潮。

他又写道：“在谈中华文化标志城的问题时，我曾担心采访是否会因不快而终止。现在回想起来，未免有些过虑。其实，从一开始，这个采访就有些不寻常。12 月 7 日 19 点 45 分，让女友一人买蛋糕，我准时赶回了家里。从天下到世界，在生日的当天采访这个中国文化转型的话题，称得上是最特殊的礼物之一。邀请一个从事历史地理、中国史、人口史、移民史的专家来解读文化自信，会有什么意外的惊喜？”

据说，这新闻写的内容有很多漏洞，因为有很多事情没有发生过。我想记者为把稿子做得精彩一些，这样做也无不可。写到博客里无所谓了，但要是写到文章中似有炫耀的嫌疑。在做周刊时，我们都在想文章的立场问题，一篇文章的好坏不在于是仰视还是俯视，而是有没有交流和对话。

◎从渺小到被绊倒

跟山西雪堂之所以能认识，也是因为周刊。我的经验是，刚开始，自己胡乱写点书的读后感发到博客上，还就真有人以为是书评人了。做了周刊，还真有人以为是主编了。其实，我可没想那么高远的事。不就是为网友服务的嘛，自己喜欢的文章不少，不敢私藏就给大家一块欣赏罢了。山西雪堂就是看了这个才慕名而来，说是慕名而来，倒不如说是臭味相投——如果不是因为网络，就是打八竿子也不会遇到的。那以后我们常常在网上交流读书的感受，这才知道他原来在国企，做的工作是财务，因而有大把的时间读书。他读的文史社科都有，时不时写一篇文字出来，漂亮极了。后来，在台湾出了册书话集《从渺小到被绊倒》，他解释说，从渺小到被绊倒，也就是从渺小变异的过程，大家都从渺小出发，有的人从毛虫变成了蝴蝶，有的人得势后忘记了自己也曾经是一只蝼蚁，还有的人在风雨中只是获得了经历而已。但是无论结果如何，当你从渺小一物变成庞然怪兽以后，无不要经历一个被绊倒的事件，因为无视眼下。这无涉褒贬。

◎便条集

因为编辑周刊之故，我与许多出版机构外宣人员成了朋友，比如新星出版社的包包。每次有新书好书出来，包包都不忘记寄一册过来，当然是想得到好的评价。其实我倒觉得这是次要的，阅读之后，好歹都要给一些意见出来，比如错别字啦、版式啦、装帧啦，只要觉得有点问题的，都可以谈一谈。某一天，她又快递一册《想象中的动物》来，还随书写了张纸条，让我开心不已。她写道：

晓剑哥：

希望阅读愉快。这本书还蛮休闲的。没事翻翻也挺有趣。最近辛苦了，要多喝水，好好休息哦。

包敬上

这样的纸条也就积攒了一些，每次拿出来看看，都觉得这是意外之喜。后来我们终于有了见面的机会，却说不出多少话来。想想，倒像是害羞的青年似的，其实是不知不觉间成了个半大老头，跟年轻的姑娘对谈，总觉得不大好，与其这样，我倒觉得还是网络交流方便、随意一些。

◎青岛来信

青岛作家刘宜庆，笔名柳已青，时常因为书评往来，出了书要寄赠一册，这也是文友之间的互相交流。觉得书好，就要写几行字在博客上推荐一下。他在看了我写的书评之后，在天涯社区给我短消息说：“晓剑兄，在你的博客看到你推荐我的书《红尘往事》，非常感动。说实话，写一本书，能有几个爱书的朋友关注，并说几句，或品赏，或批评，或建议，对我都是一种鼓励和支持。最近，我正在进行一本新书的写作，遇到前所未有的困难——想有所突破，想开辟深度，带着你、慧远、朱航满、王国华等书友的支持，我想我一定能突破前两本著作。感谢的话就不再说了。如果新作进展顺利的话，应该能出现在明年春天的成都书市。有机会来青岛玩。夏安。”我给他短信说：“问好柳兄，写书不容易，看到你的新书问世自然很高兴，有说得不好的地方，请见谅。如有时间到成都来玩。”书友之间的文字往还都是极有意思的，看上去是小事，实则是书缘的所在。

◎入住公共知青沙龙

在安徽有个文化圈叫公共知青沙龙，参与者全部是安徽的文化精英，他们做了网站，兼有论坛和博客。像我这样的异乡人，对安徽的文化早就疏远了，只知道《安徽商报》的一伙人，于继勇、段海、周强都是阜阳人，这下有了亲近感。于是就建了一个博客，周强还正儿八经地在网站的首页做一个广告：欢迎天涯读书周刊入驻公共知青沙龙。嗯，又多了一个平台。这段时间一直在考虑怎么样把周刊再做大一点，当然，这不是想怎么样就能怎么样的时代，关键是读者买账，如果大家都觉得没多大意思，那做下去肯定好不到哪儿去。所以，周刊相对纸质刊物来说，没有经营的压力，但却一样面对阅读市场的压力，大家凭什么看呢？段海说，书友会是很好的东西，和沙龙的分享影响理念很吻合啊。现在我设想，下一步周刊要进行地面活动了，不如就先选在合肥，做个宣传牌，等到公共知青沙龙搞活动，就挂出来，那时候，才算真正地与读者多了一层关系。

◎攀上叶倾城

怎么跟叶倾城熟悉的，早不记得了，也许是我那时候在做报纸吧。其实，我跟她不是特别熟悉，只是在网上偶尔聊点工作、稿子什么的。年初，才知道她换到了盛大文化频道。盛大文学，很火的时候我没有去，当然，现在依然很火。听他们的营销负责人老猫的介绍，好像每个月都是赢利的，当年的榕树下也没有这等的规模。文化频道还没上线，我们就先讨论合作的事儿，先做个连接再说，在内容上也可以互动，盛大文学不是有那么多的作品需要点评的嘛。这事就这么着，一拍即合。不过，到底可以做到哪一步就看怎么操作了。有了这样一层关系，下一步也许可以和几个网站的读书频道谈合作的事。之所以想这么努力做下去，就是因为我们看到纸质媒体的局限性，也许未来的图书营销就在网络这一块，只要做下去，不管怎么着总是有些成绩的。

◎细节的价值

四川新华出版公司的老总吴鸿早些年在四川文艺出版社做编辑，做了不少好书，他自己出的书不多，但时常去书店买书。因而，也就能时常读到他的读书文字。有次，我去他的办公室坐坐，自然就谈起了书，“很羡慕你有那么多的时间读书。”他说得很诚恳，我知道除了上班之外，他还成立了一个叫最近文化的公司，可见有得忙了。我也就说：“还不是抽空读一些。”然后说起周刊，他的意见是，就做民间的，不必讲那么多的大道理，读书当中的很多细节值得挖掘。“这个做好了就很了不得。”然后，他就问起了资金来源。我告诉他，我们没什么资金来源，有的是编辑的努力。其实，之前也想过，如果做得好，有出版机构乐意合作，出纸刊，也不是坏事。但如果出一期两期，就不做了，那就没什么意思了。之所以有这样的想法，是我们见证了不少刊物轰轰烈烈的开局，但越做越觉得没多大意思，最后以喜剧收场的少。“你看中的稿子，就拿去。”他说，“这样的好事咱们不支持，这不是看出版人的笑话吗？”

◎远大的理想

周末的下午，不闷，凉快极了，作者谷立立照例跟我闲聊几句，她告诉我现在还欠几篇约稿，还忘不了推荐一下书，比如英国最具威望的文学批评家约翰·凯里出了册《阅读的至乐》，这本书推荐了二十世纪五十本最令人愉悦的书，推荐的唯一原则就是——书所带来的快乐感觉，而这也正是周刊所追求的。要知道，我们面临的现实世界总是不如意事十之八九。如果把读书也搞成很悲伤的样子，实在很无趣吧。不过，谷立立又说，这书得好好看看，看看英国人评价的原则总有好处，再说这也能找找是否有共同的喜好，万一哪天想往《星期日泰晤士报》发展发展呢。我应该说，好啊好啊，支持你。但张口就有点泼冷水的意思：只是不知道人家推荐中文书不。万一因为我这话使一位有着远大理想的书评家失去发展的潜力，那可真是罪过，我只能说抱歉了。

◎深深的书浅浅地说

跟书评人接触久了，就发现他们的风格各异，有的写得偏学术性，有的偏长篇，但有的是摘下序言、后记，再加上几段自己的话，这样的书评，我很难认同。因为只看序跋，不进行全文的阅读，很难从整体上把握书的精髓。但我也能理解，书评要快，但要写得好才成呢。我没有进行相关理论学习，不知道这样写来，是不是更符合书评的标准。我依稀记得，还有一些敬业的书评人，他们不把全书看完，不阅读相关的书就很难下笔，哪怕是千把字的短文都是如此。所谓好的书评，我猜想应该是“汝果欲学诗，功夫在诗外。”（陆游句）在做周刊时，我们的选稿标准是，稿子质量要高。至于那些只看序跋就写书评的稿子一概不上。因为读者是大众的，学术化的书评也就不取了，更何况这事应该由专业报刊，大学学报做的事情，何劳我们再发一下呢（也是资源浪费吧）。所以，周刊一路看下来，多少才不会令人觉得“面目可憎”。

◎全民阅读危机

南京大学教授徐雁对现代人的阅读，时常有深刻的发现。比如他提出的全民阅读危机，其表现是：“公众阅读”遭深度冷遇，“书香社会”建设口号不能落实；“生存压力”严重侵占阅读时间，“时尚生活”大量分割阅读空间；“图册产品”大行其市，“读物精品”严重不足；“左书右网”轻重失度，“前语后文”偏正失衡；“信息焦虑”泛滥于时，“知识渴求”动力乏劲等。这显然都是事实，周刊也在做一些尝试，简单地说，就是做好刊物本身，使之内容上更贴近读者一些，通俗不是俗不可耐，高雅要雅得有趣。不少读书的朋友爱这份刊物，我时常跟他们交流读书的经验，说有危机那是肯定的，也值得警惕。但我想，正是因为有危机感，才有可能导致有好的读书刊物出现。像《书城》《读书》《万象》可能属于另外一个时代了，一本好的读书刊物应该是面向未来的。

◎节约纸张

时间过得总是很快，刚把周刊改为半月刊的时候，就想半个月做好一期杂志，应该不是很困难的事。但也不是专职做这个，只能说是忙里偷闲。更何况，没事时还要经常溜达各位读书达人的博客，这就很花费时间，有的博客是经常去看，但却很少选文，其原因当然是多种多样的，更主要的原因是周刊做了几年，一分钱稿费都没开，这是不是有些过分？也怕把稿子发出来后因为这样那样的原因遇上麻烦。不管在谁，我都觉得是可以理解的事情。其他的像索要纸刊的，也不在少数，你发了文章，留个样刊也无可厚非嘛。但我们提供不了，最多只有一个电子版。后来我想起上海金融与法律研究院每周一发布的

《思想库报告》，在刊物当中都有一条说明：节约纸张，关爱环境，请谨慎打印本刊物。这样做的好处不少，也许下期周刊也该这样尝试一下了。

◎内容为王

湖南长沙在2009年7月做了册《书声》的电子杂志。在网上跟其主编王来扶兄闲聊，说道周刊的简陋，那是可想而知的。只有WORD文档，连PDF档都不是，看上去丝毫没有杂志的感觉，更不要说有声读物了。我只能说这是基于现实的考虑，比如没有经费、人手有限，大家做义工做一时倒也无所谓，但要是做个几年，那是没人乐意做的。基于这个缘故，周刊的编辑以及运行都是零成本。如果一直是这样的话，若没有经营项目，是不是很容易就死掉了？其实，做这样的傻事的人还有不少，比如《三联贵阳联谊通讯》，袁伯康先生独力做了十二年，出刊四十八期，这可真是了不起的成绩。成都作家冉云飞编辑的《冉氏新闻评论周刊》和《四川资讯掮客周刊》，都是为人称道的好事情。做这些事情，未必是因为崇高的理想，但有人喜欢读，就没有理由不做下去。其实，不管是报刊，还是杂志，它们的封面、版式到底如何，不是最重要的，而是要看它们提供的内容是不是能够给更多的人带来一些收获。

◎文化圈的方向

文化圈向来是有些古怪的，而且圈子与圈子之间存在着某些隐秘的联系。对一个不熟悉圈子的人来说，大概只能在外面看一点皮毛而已，要想深入了解，非得加入不可。坦率地说，读书也是一个圈子，气味相投是判断圈子的标志之一，它可以没有地域性，但一定得有自己的灵魂。在做周刊的时候，编辑就知道，如果做成了同仁刊物，那早晚是死路一条——缺乏生命力，更重要的是，孤芳自赏可能使大家都受到伤害——接受新事物的能力在逐渐下降。开放、多元既然是时代的主题，诚然也是圈子的主题。在我的记忆里，那些百年名刊物之所以能长久地被记住，就是在于它们的开放性和提供的思想，在娱乐化的今天，我们更乐意去谈论之。仔细想想，我们做得显然很不够，很多的内容没有涉及，很多的思想没有落实到刊物当中去，但要紧的是，周刊一步步走来，突然明白了它未来的方向。

◎文字的写法

写字，应该是很愉快的一件事情，但现在，我突然发现，很多作家更在乎的不是文字，而是文字带来的名利双收。写小说盯着文学大奖，写诗歌则盯着发表的可能性，即便是小品文也都在希望能换回几许银子。这样的想法不是不好，但如果仅仅是这样，文字可能会充满了铜臭味，不会变得清新雅致，不会带来愉悦的心情。或者说，我们不再是享受文字之美了。很多年前，《书城》杂志曾提出过文字之美的概念：“散去一切修饰”后的“朴素优雅”。这样的境界着实让久别重逢的读者享受了一场文字的盛宴。不过，就文字来说，我们所说的不仅是文字之美，还包含了思想之美。但你看多了很多作家的文字之后，就会发现一个事实：文字的美丽在他们的笔下已经消逝，只剩下一些无关紧要的细节或噱头。

◎文化的价值还有待挖掘

2009年8月的一个周末下午，成都的媒体圈举行聚会。谈起成都的媒体氛围，总觉得欠缺点什么，比如投资杂志的，似乎没有想长期做下去的计划，都是想着赶紧捞一笔再说。如此想法，很难把杂志做好了。河北姑娘刘曾说，你像《纽约客》《大西洋月刊》都是长期不赢利的期刊，但也做了很多年，中国的期刊似乎都不能这样。其实，这不仅应该归结于媒体环境，而是因为我们尽管有所学，但都不想着做个文化品牌。文化品位更是谈不上了。读书，对很多人来说，是很奢侈的事。就像我们的周刊，没有想着赢利的事，结果就能做得长久，至于好不好，读者是最有发言权的。作为编辑，我们应该做的是，怎么让它受到更多的人欢迎，而不仅仅是小圈子的传播。事实上，我们进行的传播本身所具有的意义就是让很多人有读书的习惯，毕竟人区别于其他动物，就是因为他们能思考，能对世界产生影响。

◎倾听

资讯的快速传递，时常会给我们一种时空错乱的感觉，因此，我们难免会对一些事件的了解浮光掠影，不是我们过于浮躁了，而是在这样的一个快速消费的时代，我们没有更好的办法抵制内心的欲望。而周刊所做的努力应该是消解生活方式上的焦虑，从而把生活过得有趣一些，或者说，尽量让生活完美一点。就我们现代生活来说，人们无时无刻不有着明天会怎么样的想法，即便是回眸打望，也只是匆匆一瞥。好像我们再也没有耐心去回看了，哪怕是一场普通的对话、倾听。而当我们真的是静下来了，可能又会东想西想，这是一种很普遍的状态。倾听的必要和现实似乎是不相容的。但也许正是因为这两者的微妙关系，才让我们的生活更平添了些许美丽——这可能不太容易让更多的人欣赏到。

◎书评不是生意

因为做周刊，难免会写书评。但这书评却十分难写，倒不是水准的高低问题，而是一般约写书评，都想着赞美几句，有时实在赞美不出来，那就恼火了，结果惹得书的作者不愉快。这事开始遇上了，只好自认眼拙，看不出书的好来。下次再遇上，就得提前问下要求，以免写出来又不如意。不过，这样的小心也总会有得罪人的时候。我跟朋友讨论这事，还一直耿耿于怀，我又没收钱，怎么还要看别人的脸色作文？其实，也不完全是这么一回事。对书的作者来说，当然希望多一些赞美。毕竟这是一个脸面问题嘛。然而，书评应该是按自己的意思表达，如果把书评当作生意来运营，就是另外一回事了。我时常这样给自己解释。多一点宽容，多一点理解，也就没什么大不了的了。

◎有思想的书评人

爱书家喜欢写点读书的文字，于是被称为书评人。因为做读书周刊，少不得接触形形色色的书评人。但归根结底，书评人可以分为两类：一类是所谓的快枪手，看了序跋和简介就可作文的人；一类是非把书读完，再看相关的资料才认真作文的人。可惜是快枪手很多，只能就书谈书，端的是一个时髦，至于是不是能给人留下一些印象，似乎无关紧要，只要稿酬又快又好地到手即可。有一种人却是中意的书才写，一年也未必写得了几篇，却篇篇都是拿得出手的。相对于流行的书评，我倒很乐意看一些有意思、有思想的书评。毕竟书评不是花拳绣腿，而是要写得有识、有趣、有料才好。所以在做读书周刊时，虽然有些书评人的文章看上去很好，却是材料的堆砌，没有自己的语言和思想，不看也罢。某天，谷立立告诉我说，我写书评不是什么都写的，把书评写烂了是对书的不负责。这可真是有思想的书评人，一下子有相见恨晚之感了。

◎躺着写字的就是资本主义

关于写作，每个作家都有自己的定义。尽管如此，写作的姿势也很有意思，而追寻写作的环境也格外重要。但今天的电脑写作似乎把这些要素都一一忽略，因为在电脑前只有几种可能：坐着、站着、躺着。某天，突然想起这个问题，顺便对书评作者做一下调查，得出的结论有些五花八门，但归结到一点，那就是全部电脑化写作了，手写几乎是不可能的，也没人乐意去做（时间就是文字、效率）。不过，一位美女作家说，坐着不舒服，站着也不是滋味。我就告诉她说，干脆躺着写吧。她回了我一句："躺着写字的就是资本主义。"资本主义和写作有什么关系吗？我想还不至于这样夸张，就很惊讶，但想象一下，似乎也有些道理：大家都艰苦地或坐或站着写作时，你一个人躺着，不是资本主义才有这样的优越性吗？

◎书托知多少

在买书不知如何是好的情况下，大抵先看下书评才敢下手是常事，但现在网络和报刊上，常常只见一些夸奖的话，而少有批评，是为书托。这书托的工作一般是由出版机构付费，其目的就是无限地扩大宣传攻势，不管在哪儿都是好评如潮、上排行榜，因为一本新书的宣传期也不过三四个月的事。做读书周刊时，当然也遭遇到了一些书托，但不喜欢他们的滥评，一律不予采用，不管是不是朋友关系。据说，现在有成千上万的书托，他们主要活跃于网络上的论坛、读书网站、购书网站，凡是跟书有关的网站，差不多都会挤进去，这样的情形看上去很繁荣，其实不过是一堆泡沫罢了。

◎这么快，那么慢

快与慢，是一个相对的概念。有时在做杂志时，一年出个二三十期，看似很慢，但到实际去做的时候又觉得时间是飞快的。往往上一期才做完没几天，又要开始新一期的编辑工作了。这固然是因为编辑人员少（两位），且不是专职的，做周刊只不过是业余打杂的性质（编辑、校对、邮件发行），相比正规杂志，看上去更像玩票。但这有一个好处，编辑人员总得提前把内容好好准备一番，犹如月光族的理财计划一般，否则到了出版时间，那就是随便抓稿子，即便是一时解了燃眉之急，也未必能做得长久。有了这样的思维方式，做起事来也就少不得先有个计划，且不管时间如何变迁，按照既定的计划，每天都把工作往前推进一些，自然能解决问题。毕竟有准备的人把事情做好是不费多大力气的。

◎红布绿花朵

许多杂志看上去花花绿绿，色彩纷呈，却味道不够，犹如一道大餐，总觉得还欠缺点什么。这样的杂志，看多了大概也会腻烦的。特别是读书杂志，如果全是高头讲章，或学术术语，那意思可能就尽失了，恐怕只能用不忍卒读来形容。某天，跟今日阅读书店副总向雪刚闲聊，他说，好的杂志应该是通俗易懂，不管飘多高，总要落到实处。杂志不是飘在空中的云。但我想的是，现在杂志那么多，哪怕是市场再细分，如果没有精准的定位、明确的方针，难免在运行的时候左右为难，怎么做都觉得不像那么回事。看看那些名刊的生存之道，不难总结出个一二经验来。在没做杂志时，仅凭想象就夸下海口说，这杂志按照我们的思路做，包赚不赔。但知行合一的难度只有操作时才知道，这是一个持续的事，不许间断，不许中间溜差。我有时想，也许把杂志做成红布绿花朵，能够赏心悦目，足矣。

◎读书的门户

2009年在内蒙古举行的民刊读书年会，闹出一些负面新闻，因为没参加，所以要打住。所谓读书会，我以为更多的是各抒己见。我们习惯于在一个旗帜下过活，这样看上去至少是和平统一的，哪怕私下里有异见。然而，若要是想把读书也分为张门李派之类的，是打死也做不到的事情。学生跟老师读同一册书，也会读出不同的含义，更何况是同代人的读书呢。读书有门户之见，可真是小看了读书。开宗明义，门户是第一代圣人要考虑的事。现在没有圣人，所以，还是读自己的书要紧，管他什么门户。我们读书显然不是为了标榜进步、标榜精英的。对个人来说，读书是能不能修身养性的问题。可惜，我们进步得连自己都不知道自己身在何处了。由此联想到做周刊的事，虽然是小众读物，也没想着有门户之见，这多少令人松一口气。

◎对待历史的态度

最近几年，一直在流行着“历史热”，尽管出的历史书五花八门，但大都是借历史来浇心中的块垒，这本来也没什么错。但如果仅是借古喻今，似乎也很难做得好，毕竟历史的局限性是显而易见的。但历史就是历史，本来不容许篡改的。我们看了太多的历史书，不过是简单的叙述，很难探讨历史背后的东西，或仅关注历史细节，却又不能做得更广博一些。我的意思是历史千丝万缕，可能有很多内容被我们忽略掉了，也就走不进历史现场。其实，这就牵涉到对待历史的态度问题。在做周刊时，牵涉到历史这一块的内容，特别是当代史，实在是真真假假，不好判断，那就看正反两方面的说法吧。毕竟对历史的判词要想更客观公正一些，就得多了解情况。话虽然说得轻巧，但看多了历史书，我们还是要在历史的重重迷雾中摸索，或许能找出历史的真相，也未可知。

◎周刊的宣传者

认识潘小娴，是缘于什么事，记不得了，好像因为有次约稿吧。后来，我在《信息时报》先后开了两个专栏：美食与书店。后来，又发展到一本书的高度，说实话，做这事真难，这是因为自己做事没耐心，坚持一段时间就放弃了。不过，后来做周刊，她可没少出力，不仅无偿给周刊供稿，还介绍作者过来，而且在《资讯时报》的阅读周刊上时常推荐一下，文字或长或短，这都没什么，关键是要传达出去这个资讯。很多读者都是从这儿知道周刊的消息，这让我非常感慨，如果少了像潘小娴这样的朋友的无私支持，周刊是不可能长期做下去的。支持一下，作为朋友是无可厚非的，但要一年一年地支持下去，大概是再好的朋友也没有这个义务。现在文化都产业化了，周刊也没想着有朝一日实行产业化，这是不是有些过时了？不过，像这样的周刊产业化以后，大概也没多少可看的了。

◎立场问题

刚做周刊时，没想那么多，反正先做下去再说，至于有多大的难度，似乎也不必担心，毕竟古人有言：车到山前必有路。然而做得久了，还一直稀里糊涂，显然是要不得的，就是朋友问起来，也是难以说清楚。如此一来就得思考一下，我们做这个周刊的目的是啥子，总不会一时头脑发热就做下去了吧。这一想才发现问题的严重性。做一个周刊，无论如何，都得有自己的思想、立场之类。或者诸如读者对象是哪些的问题。如此接二连三地想下来，就觉得问题很严重，一期期地做下来，未必有什么意义。这期间，也没少得到朋友的指点，我们没那么深厚的学术背景，当然做不来读书论文什么的，但从学术来说，那艰涩的文字也不是很好的传播方式，读书刊物应该做得通俗易懂才好吧。做成出版的东西，那也要不得，根本没办法跟《中华读书报》《中国图书商报》相比，但我们的优势在于网络，在于传播的快捷。那就是说，我们是替读者发言。我们不希求作者在读书方面是多么专业，但一定得有点小趣味才成。

◎刘苏里供稿

北京万圣书园的老总刘苏里不仅开书店，而且读书、写书评都是一把好手。我看的最多的是《SOHO 小报》上的文字。后来就在天涯博客上常读他的文字，可真是令人喜欢。他读的书广博不说，见识也不凡。周刊创办以后，就少不得请教，并开设了专栏。说是专栏，其实更多的是自由发言，文字长短也没有限制，这样就可供作者随意发挥。刘苏里的稿子就是这样一篇篇地写过来，有时是与报刊同步发布，报刊因为这样那样的原因，发的就是一个删节版，而周刊是完整版，只修改些许笔误什么的。这对周刊来说，是难得的财富。后来有读者评价说这就是周刊的一个优势。想想，确实也是这样，如果一篇好好的文字被删改得七零八落，倒也没什么意思了。

◎因周刊成为朋友

我没想到，因为做周刊的缘故，结识了一大帮读书人，时常在一起分享读书的感受，久而久之就成了朋友。尽管大家分居在不同的城市，但因为网络拉近了不少距离。有机会在各个城市间游走，当然少不得见一见书友，谈谈书、喝喝茶、聊聊天，都是极为愉快的事情，如果是出过书的书友，一定要送一册自己签名的书。这样的书缘，是值得珍藏的记忆。像桂林的刘春、林东林，北京的包包、孙瑞岑，南京的重越等都是。有的虽然一时还没见上，已经列在即将见面的名单上了。书友间的故事大抵是温馨的，不含有杂质的。做周刊也是，如果一味想着凭这个捞取什么利益，而不想着奉献得更多一些，怕是也难以长久做下去了。其实，这样的反思更让我们明白，这样一份非商业化的周刊，也许正是因为她的平常、不花哨才给人更多的亲近感。这样做下来，对读书人来说，也许并不是可有可无的了。

◎周刊的品牌价值观

到了 2009 年，周刊已经做了两年多，影响力固然有一些，但还没做到风生水起的地步。于是，就想着做一些宣传推广，因为没有经费来源，这事就只能靠朋友来友情支持了。如此也不是长久的办法，就与网站、报刊联合做一些事情，如与公共知青沙龙、盛大文化频道合作，建立发布平台，与《泰山书院》《书声》建立联动机制，尽管还没有商业化，已感到压力不小。有时，跟朋友探讨这个问题，都觉得这是两难选择。

有天，潘小娴告诉我说，她觉得作为一个品牌，最主要的是要提升其价值与声望，如果能利用商业化提升品牌的价值与传播，这才是最主要的。事实上，周刊的内容品质在不断地优化，当然在这一过程中，摒弃书评的学术化、通俗化是一个刊物生存下来的要诀之一。如果说商业化就是寻求自身品牌价值的过程，我想，周刊还在探索，怎么样才能走得更远一些。毕竟做一份简单的读书周刊，不是我们的期望。

◎图文书没了品质

最近几年，图书市场上关于成都的书有不少，但由于这样那样的原因，少有做得令人满意的。比如说有一家竹简文化的公司，做成都的老照片系列，本来这是一个很好的事情，按道理说，如果做得不坏，应该极有市场的。但每一册出来，似乎都不能令人看好，不是图片品质过差，就是装帧有问题，或者是文字有问题，总而言之是很容易看出水准的高下。本来做图文书的要求蛮高的，不是谁想做就做得了、做得好的。既然图文书是图书的一种发展趋势，应该图片精美一些、文字曼妙一些吧。后来，周刊的撰稿人谷立立参与了这些书的制作，水准一下子就大有改观，特别是文字这一块看上去令人赏心悦目了。我当然知道，现在市场上有一群人不关心图文书的图片、文字是不是够好，而是关注这一笔生意有多少钱赚。用金钱来衡量文化，确实能得出一些很古怪的结论出来。但我还是相信，只有那些把书做得好的人，才会在书业竞争中存活得久一些，否则只是过眼云烟罢了。

◎题跋文的风流

题跋文是宋人开始注意并大量写作的，影响最大的是苏轼和黄庭坚。书话大家黄裳在一篇文章中记录了题跋文的流传过程，它们或记事，或抒情，但不管如何，总是有感而发。今人写这样的小文妙品的少矣，更多的则是留下一些资料。像郑振铎，也写过不少题跋文，他在文字中时常用“大喜欲狂”“为之狂喜”“惊喜过望”等记下一个书生之见。孙犁的《书衣文录》也有这样的妙趣。现在，年轻一代的读书人似乎越来越看不上这样的小文小趣味了，现代社会日趋浮躁，从快速消费的趋势看，似乎也难以有静心做这样的小事的时候。不过，这当中亦有一些例外，如果收集起来，也是难得的风流小品，即使不是冠绝一时，倒也多少有读书的趣味了吧。周刊的“书事”一栏大抵是记录这样的小事，这可以窥见一个读书人的性情与趣味。

◎那些爱书家

读书是不受地域限制的，一本好书的出现总能吸引不少人去读它。从这个角度来窥探海峡两岸暨香港、澳门的读书人也是很有意思的事情，至少通过比较可以发现文化的差异，以及图书出版的概况。更坦率一点说，从这里可以寻见文化的脉络。如果缺少了这样的爱书家，文化间的隔膜怕是更多了。周刊尽管时常以大陆为主介绍书人书事，但都少不了台湾、香港书人的参与，甚至于直接采用他们的文章，这样做的好处是更直观一些，也是文化交流的内涵之一。幸好爱书家很是不少，尽管风格各异，却能见识不同的风情，台湾的蔡登山、傅月庵、郝明义，香港的董桥、许定铭、古剑都有不少书话妙品，至于大陆的，更是不少。也许在今后，周刊可以做更多的尝试，展现出一个爱书家的天堂景象来。

◎古剑的书话

古剑先生的书评文我是零星读到的，很是喜欢，想来一定是很有意思的读书人。不过，我了解的不是很多，后来在天涯网络上看到有介绍，原来古剑先生的本名乃辜健也。资料介绍说，他 1939 年生于马来西亚。经历过日寇南侵、英殖民地的“紧急法令”。十岁落籍厦门，历经反右、“文革”风雨。1961 年毕业于华东师大中文系，想来跟施蛰存先生十分熟悉，才编了一卷《施蛰存海外书简》。他曾任华侨大学助教，旋即下乡。1974 年飘落香港，历任《新报》《东方日报》《华侨日报》副刊编辑，《良友画报》《文学世纪》主编。著有散文集《有情人间》《梦系人间》，编辑《林海音散文》《香港记忆》《小贩世家》等八种。他有点自嘲地说，半生黑发作嫁衣，只留白发学上网。现在时常在网上看到他的书话文集，也是一桩乐事。周刊的关注点跟古剑关注的有点交叉，内地与香港文化的交流不应该仅局限于经济、旅游，有时从书开始，也未尝不是件好事。

◎书式生活

把读书看作是一种生活方式的话，也是一件很风雅的事情了。时下的阅读风潮迭起，各类读物充斥着市场，如何选择，是一个不小的问题。周刊所宣导的分享阅读，其实就是在构建一个平台。畅所欲言，有话则长，无话则短。这样的书式生活是自在的，如果沿袭下来，也是一种生活了。更因为书，大家仿佛打开了心灵的另一扇窗，甚至可以窥见别人的阅读生活。跟喜欢读书的朋友交流，然后得出一个印象，加之对其读书状态的了解，也就不难把握到阅读的潜力。事实上，周刊时常在努力做一些力所能及的事：让更多的人体验到读书的乐趣。

◎随时间而来的智慧

读书，没有一定的法则。然而，用法则来释读似乎也无不可，但总给人一种以偏概全的印象。大抵这阅读是千姿百态的，无一个固定的模式可供借鉴，有的看上去有些类似，实则是差之千里。好书的概念也不是放之四海而皆准的，而是随着人生经验的增加才读出不同的内涵。从周刊的各位撰稿人的经验来看，也是千差万别的。周刊做得越久，越觉得阅读是一门高深的学问，包罗万象，只有丰富的阅读经验的参与，才能读出不一般的境界。因此，从不同的侧面来窥探阅读的真相，这期间的甘苦不是文字能形容得了的。又或者说，阅读是随着时间而来的智慧。

◎消费鲁迅

现代社会是消费型社会。很多东西都变成了消费品。试想，连文化都可以产业化，还有什么能逃过这样的宿命。鲁迅的命运也是如此，先是被捧上了神坛，随后不断地神化，催生了鲁迅研究专家，到底还没成“鲁学”（相对“红学”而言）。很快大家发现鲁迅的价值需要不断地挖掘，但因为缺乏新史料，即便挖掘也不过是在旧资料上的新整合。所以，很多人都乐意写一写鲁迅，因了他的名，只要文章像点样子，是不难发表的。然而，尽管大家都在不停地谈论鲁迅，但都不是现实当中的那个鲁迅。如此，被异化的鲁迅成为消费品的可能性就逐渐增加，如果一个学者不说一说鲁迅，似乎都是一种罪过。被消费的鲁迅，就像村上龙所说的那样，是一件消耗品。周刊在实际运行当中，总是避免更多地接触鲁迅，因为我们对现实中的鲁迅多少还是有些敬畏的。

◎半山上的茶玫

茶玫是美丽的。因此，哪怕是位于半山中，一样有着无穷的魅力。周刊的编辑人员由最初的三五人到最后的两人，撰稿人却急剧地增加到五十位，或许以后还会有所增加，当然，相对读书人来说，这依然是一个很小的群体。很显然，周刊努力的目标，不是一个小众的刊物，而是成为读书人的精神家园。这话看上去有些大，但看看国内的一些出版物，诸如《读书》《书城》《随笔》《天涯》《书屋》……他们也一直在引导读书的潮流。其实要做到这样很难，但如果不试试，不去努力一把，就断然下一个结论，显然是不符合读书的常规的。周刊所做的努力，无非是在不断地探讨阅读的可能性，提供一个空间。这犹如半山上的茶玫，需要更多的人浇灌，或许有朝一日，能有自己的特色，也就成了一道人文风景线了。

◎书话体

书话类图书在这几年颇出版了一些，但数量还是不多。所谓书话，概而言之，它乃书的闲话，并不像书评那般严肃，也不似考证那般严谨，却又能独树一帜。然而，书话看似简单，写好却极难，不仅要有情节、有故事，还要有趣味、有新意，要不写来也无可看之处。大至中华书局、三联书店，小到地方出版社，都乐意推出书画作品集，虽然只是小众市场，发行量不大。更多的书画作品集散见于各大文学网络论坛，有兴致的不妨自费出版一卷。这也是出版界一大风景。书话尽管还没演变成一种书话体，但随着写书话的人增多，早晚也会出现书话体。读书周刊从创刊之初，就关注书话，因为它的有趣，让周刊增色不少，更增强了杂志的可读性。如果是严肃如《读书》一般，怕是读者看久了，也会觉得没趣味的。

◎《读月刊》的风采

2009年10月10日，《读月刊》出版了试刊号。编者有李平、买超、余姝、郑浩。编辑在卷首语中说，有时候我总在想，现在的各种电子刊物多如牛毛，我们创办本刊究竟是为了什么，之于作者、读者到底有什么意义。闲谈的时候，我们常说，要做一份平民杂志，为自己发声、为民众发声等，这是比较粗泛、宏观的想法。可到今天，我们该办怎样的刊物，怎样办好这个刊物等重大问题尚未形成系统的观念，这除了期待我们的编辑、作者对近现代民刊做一些系统的研究外，前几期的组稿也显得尤为重要，也将是我们以后努力的方向。报刊是现实的见证者，也是思想的收藏家。我们将锲而不舍地秉持阅读与思考并重、独立和分享统一的读书精神。我想，只要我们能坚持理想，努力践行，我们一定能创造出一个优秀刊物。希望这册杂志能越做越好。

◎实在是雀跃

作为周刊的编辑，有时也会耐不住想看看，读周刊的人有什么样的反馈。某一天，在网上搜到一位名叫“夏天的感觉”的网友在博客中写的一段话：“2008 年 12 月 1 号出版的第 75 期《天涯读书周刊》，最值得读的是两篇读书报告，内容都是关于读书、买书、藏书的故事，每篇读书报告都讲到有上十本书，内容丰富，读来非常趣智。而且，更重要的是，你还可以从这里读到一些出版很久远的好书，那种喜悦的感觉实在无以言表。就像《读书报告》的作者蓝紫木槿说的那样：‘我从没想过还能遇见它，可是它确实静静地耐心地在那等着，等着我！对于我来说，遇见它的意义已经超过了它的内容，虽然它真的很好看很好看。’”这样的惊喜总是有的。当然也会有批评，那是不好的文章出现的时候。有时觉得这也在所难免，毕竟一本好的刊物总是在曲折中成长的。

◎谈书的书

读书，讲究的是一个情趣。最喜的是谈书的书，似乎可以归为书话一类，周刊特别关注这一块。这类文字要写得高明，十分难得，因为要谈得有理、有趣、还有情。但大多的是就书论书，这且罢了，还引若干学术术语，以此抬高文字的含金量，看着就令人讨厌，恰如遇见美女却不经意瞥见秀发上的一点污。近几年，各地陆续有这类的书出现，也买了不少，看得也有兴致，是那种透着机智的文字，比如毛尖的《乱来》，董桥的《今朝风日好》装帧不错，更多的则平常多见——做得不伦不类，插图不精美，文字有错讹，版式不疏朗，怎么看都觉得是暴殄天物。遇上这种，只好敬而远之了。最怕遇到丛书类的，一套收不整齐，似乎有些遗憾，但好书中有劣，买下也大为不快。好歹先收了，哪日不如意，即便散去，也不会觉得可惜。

◎小说病了

一直觉得读小说，应该是很愉快的事。但今天的小说，不读也罢。不是文法不通，就是搞得神采飞扬，却没多少实质性的内容，故事苍白无力，怎么着都说不上好看。遇上小说，大概只有避而远之。对于推荐小说的也是不感冒，即便是书评也写不出什么名堂，你批评一番倒显示出不友好来。周刊对小说也是少发言论，毕竟现代小说，特别是年轻一点的作者的作品，说是小说还不如说是闲扯，而且是不负责任的瞎扯。小说作者写作也是充满了功利，还没写出来都在遥想有多少银子入账。也许是小说得了某种病症，所以小说越出版越多，留给个人记忆的越来越少。以至于我在博客上写着：请不要向我推荐小说。因为诸如追求、探索、精神危机之类的词语在小说中是不存在的，人文关怀更不用说了。小说写成这样，简直是让人看不见高潮跌宕。

◎林汉达的邮箱

曾写过一文曰：《想起了林汉达》。某天，收到一封电邮：

你好，尊敬的朋友：

林汉达的文章和书籍很打动人。非常愿意看和读。很想有机会求教。烦请贵友相告林汉达先生的联系地址或邮箱。不胜感谢。望回复。

当然，我是没林汉达先生的联系方式的，因为他早已离开了这里。遇上这事，可真不好回复什么话。你说没有，怕是会有嘲讽你不是读书人；说有，自然是无处可寻。干脆装作不知道，但那有违一个常人的道理。有个段子说，《色·戒》流行的时候，有媒体记者致电出版社企划：“请给我张爱玲的电话号码，我要做个专访。”世间已无张爱玲，哪里采访得到。这不是媒体不敬业，而是缺乏常识。想跟林汉达联系当然也属于此举。我在猜想，如果我们的讣告栏目有类似的文章出现，是不是有人会说：“拜托，给我唐德刚的电话。”

◎《今书院》发刊

2009 年 11 月，《今书院》在济南创刊。他发起了创刊号主题征文："今天的中国知识分子"。除了主题栏目，每期另设文学、历史、政治、社会、传媒等栏目。主编周传虎。现在出版纸质的读书民刊可谓前赴后继，能长久坚持下来的，少矣。大概限于资金来源，稿件也是一个大问题，关键是编者的识见如何。但不管怎么说，要做好刊物，非得花一番力气才成，又要编者是懂书的人，不为名利驱使才可。如仅为名利，还是别做读书民刊的好，至少比做这个挣钱的门路还有许多。另外，伴随这一民间刊物诞生的，还有"今书院"系列丛书，大约是自费出版的图书吧。《今书院》的创刊固然是好事，但若没有长远的发展思路，大约难免昙花一现，只能装点一下读书人的风景了。

◎《读眼》的创刊

鹏飞一力的几个朋友总想在做出版之余做一些事情，于是，就创办了《读眼》，是出版业第一本电子杂志。就内容来说，多是鹏飞一力的宣传稿，看上去像一本企业内刊。尽管里面有梁文道这样的大家出现。这几年，读书民刊数量在不断地增加，是好事，我也曾撰稿若干，但就品质来说，很难有个保证。哪怕是像周刊这样做了几年的，都存在着不少的压力，比如编辑也有懈怠的时候。总归是，除了正规读书出版物之外，我们还能读到不一样的东西。记得以前的席殊书屋做的《好书》杂志，收藏了不少，至今回头来看，依然价值无限。但现在的出版机构忙于做畅销书，忙于挣钱，却忘记了文以载道这回事了。以前，出版社都有自己的小册子，做宣传之用，现在也很少见了。即便有，做得也不伦不类，可真是令人悲观。

◎什么是健康的阅读

有专家提出要健康阅读，这个命题听来就有些古怪。什么样的阅读才算健康，是畅销书，还是专家推荐的书，还是符合主流思想的书，似乎都难以归类。周刊在运行过程中曾遭遇类似的事，有的不被看好的书，却常常被推荐，那些畅销书，少有登载。大抵说来，读书是见仁见智的事，不必以一个标准来评判，好书的价值应在于它是否能给人以启迪，甚至于说是否能推动社会向前发展。健康的意义大抵也在于此。现在书市上鱼龙混杂，好书坏书需要分辨，如果读书刊物不予分辨，就登载相关评论，无疑是不负责任的行为。做份电子杂志看似简单，如果少了责任心，就可能做得很难看，既没有味道，又缺乏观察，关门是早晚的事情。也是有了类似的警觉，我们才不断地改进，以求得做的内容更充实，好看。

◎排行榜要不得

接触书业久了，越来越看不上排行榜之类的玩意，因为书的排行，并不是根据其价值而定，或者说，很多书够不了上排行榜的资格，却常常挂在榜单上。无疑，书业的排行榜暗箱操作不少。读书网站、书店做排行榜大抵受这些因素影响。其实，不仅仅是书业，很多行业都是如此——上榜单的都是收费的单位，也许可以解释为“惯例”。即便是读书网站，如豆瓣网上的评论，亦可以找书托来代替，叫好声一片，遇到这样的书，只好敬而远之了。曾有机构想约读书周刊合作做这类的事情，到底都没有答应下来。对于读书，我想还是单纯一点的好，互相讨论有无，足矣，不必太商业化。要不，拿了别人的钱，胡乱做一个榜单出来，可能玷污了读书这两个字，其价值和意义就没有什么了。

◎周刊的未来在哪里

天涯社区看到周刊的影响力在增加，于是想做一个新的周刊，内容趋近，甚至于连选稿都类似。这样做下来有什么意思？再说，周刊一旦交给他们去做，无疑容易出现不可预期的问题，如何对得起长期的阅读者？与其进行不成熟的商业运作，倒还不如公益性的好。周刊坚持了两三年，即便没有形成品牌，在读书的圈子里多少也是有些影响的，如何长期运作下去才是思考的关键，是否能够商业化倒在其次，毕竟编辑都当作业余爱好，亦未曾想以此赚取点什么。自然，有不少朋友替周刊打算，但对一个周刊来说，见过了太多的文坛兴衰，我们只不过是尽力使周刊生存得更久远一些罢了。这种想法或许不是很成熟，但就周刊的现状而言，与其冒险大胆地往前走，倒还不如踏踏实实地做好工作，毕竟这是一项持续的工作，需要不断地努力。

◎沈昌文的建议

原读书杂志的主编沈昌文给年轻人的读书建议：博览群书，不要限于一家。不要迷信作者，也不要迷信出版社，更不要迷信把每本书都读完。作为资深出版人，他说一本书至少有百分之三十至六十是废话。二十万字表达出来有三万字是精华就不错了。能够把废话扔掉，一下就抓住要害，这才是看书的真本领。什么书都看完那就上当了！精华的吸收这对读者来说，是一种考验。而精华内容的发散对作者也是一种考验，出书的目的固然有为了名利的嫌疑，但更多的应该是知识的传播。若仅仅是为了名利，可能使图书的出版变得更为浮躁。在做周刊时，我们很少去考虑商业上的利益，不是在回避，而是想通过这样一种行为使读书变得更为大众而已。但任凭怎么样的努力，读书都是小众的事，像电子、媒体等渠道固然很重要，但如果缺少了读书这一环，我想，那是有缺憾的生活。

◎奥威尔的写作规则

英国作家乔治·奥威尔曾提出六条写作基本规则：1. 绝不要使用隐喻、明喻和其他在印刷物里常见的修辞手法。2. 如果一个字能说清，不要用两个字。3. 但凡一个字能删掉，一定要删掉。4. 能用主动语态，就绝不用被动语态。5. 能用常用词时，不要用外来词、科学术语和行话。6. 绝不要用粗俗语言，为此可打破上面任一规则。这些规则在今天看，似乎是很夸张的，但对一个严谨的写作者来说，很实用，至少能保证文字的质量。但作者为了凑字数，一本书写入大量可有可无的东西，是对读者的不负责任。在做周刊时，我们当然没有如此严格的要求，只是要求文字通俗易懂、朴素，如此而已。太高深的学问也需要读者，那么，通俗可能就是最有效的传播途径。

◎杂志的停刊

有一个杂志死之池网站（*MAGAZINE DEATH POOL*），专门记录那些停刊的杂志的最后一面。上面说，2009年全球（也许不包括中国）有三百六十七本杂志停刊，也就是说至少每天有一本。在中国，杂志的停刊和变迁，几乎每天都在发生。我们见证了一本杂志的出生，也目睹了变化，最后见证了停刊，这一过程是短暂的。也许我们应该悼念，但我想，如果不改变杂志身处的这个时代的环境，可能就无从改变杂志的命运。杂志越来越小众，如何抓住市场，实在是一个很大的问题。我们见证的是杂志的发展史，也是文化的延续史，它们是断裂的，可能到最后只有碎片而已。正因为这样，对杂志的诞生、死亡做一次全面的记录，也是在见证我们的思想文化的发展态势吧。

◎周刊要不要商业化

2010年4月24日，书博会在成都进行。期间见了各地的书友，大家对周刊赞赏有加，媒体的朋友也是。在一个小型座谈会上，大家讨论周刊是不是要进行商业化运作，如何运作。但我想的是，商业化之后是不是在整体质量上有所下降，甚至变成不那么好读的杂志，这是我们不大乐意做的。与其低俗化，做得乱七八糟，还不如做得精致一些，本来就是小圈子的活动，有必要那么商业吗？另外，一些电子杂志出于商业的考虑，品质下降是一个不争的事实，在这时候，我们的一点爱好也商业化了，是不是有些悲哀？诸如此类的问题时常困扰着我们，但想想老派的杂志，基本上是为理想而活着，理想坚持不下去了，再改变也不迟。周刊能做成一些读书人心目中的净土，是一桩好事，哪怕只是一份简单的电子杂志也是有其价值的。

◎网络时代的读书民刊

读书民刊，在网络时代似乎是举步维艰的，但在现实中，读书民刊是颇受欢迎的，有的甚至于一时洛阳纸贵，两者形成巨大的反差。相较于对传统类读书民刊的关注，对读书类电子杂志的关注要少一些。大概是因为其数量少，又只是流传在网络上，自然有其局限性。但因其活跃于网络，却又有着传统杂志所不具有的优势。

仔细检阅最近几年出现的读书类电子杂志《独立阅读》《读品》《天涯读书周刊》，它们或高雅、或通俗，走的路径虽然有所差异，但总的来说，也有不少可说道的地方。在色彩纷呈的网络杂志当中，给人一种异常温馨的感觉——尽管这样的阅读与纸质阅读有着一定的差距。

◎《独立阅读》：独立的情趣

在《独立阅读》出来的时候，有个细则：1. 阅读报告力求独立但不宣称中立，撰写过程谢绝图书作者、出版者、发行者介入，观点尊重个人趣味，不求客观统一。2. 自 2007 年 7 月 1 日起，阅读报告执行编辑谢绝出版机构赠书，赠书将自动排除出推荐行列。师友赠书将注明图书来源，对于相关部分，读者可以抱十倍怀疑之态度。3. 阅读报告欢迎读者提出不同意见，将选登部分批评类读者来信，但谢绝只有观点没有论证过程的批评。4. 阅读报告观察员欢迎申请加入，但谢绝出版从业人员参与，来信烦请告知专长领域并附上阅读报告一份。

时下的阅读流于形式，浮躁的东西比比皆是，这且不说，单单是那种阅读的氛围不知几时居然消失了。读书即使再美好，在这时也不免打几分折扣。而在读书的推介上，更是花样百出，追逐的是眼球经济，图书推荐的功利化，让阅读变得越来越陌生。

在这种情况下，《独立阅读》以独立的姿态出现，它所展现的是阅读的风景线，至少不是媚俗的那种。在我看来，这应该是读书追求的最高境界，毕竟在世俗生活当中，如果我们缺乏一个明晰的判断，即使是世界上最美的东西也难免媚俗了。这正是《独立阅读》的价值所在。理性而又客观的评论代替了对图书的阿谀奉承、对作者的无尽赞美……不管如何，这都是思想上的进步。

中国现代最负盛名的学者陈寅恪认为，为人治学当有“独立之精神，自由之思想”。阅读更需要有这样的观念，因为阅读的经历，每一次都是独特的，不可复制的，犹如记忆中的些许往事，不可追。如果缺乏了一种最基本的判断，而追求哗众取宠，那将得不偿失。

很多编辑在追问：阅读的本质是什么？每本著作或者每篇文章都有其特有的知识领域和关注点，对于人文世界而言，我们日复一日地积累这些领域的信息，大多无法成为我们的研究范围，那么阅读本身是否可以只是为了阅读，抑或，还有什么更多的深意？这都是不可解的。《独立阅读》提供的最大的财富，是让我们拥有了一个基本共识：阅读是一种心灵的沟通，而非仅是知识的传输皮带。

◎《读品》：少数派阅读报告

《读品》是非营利机构上海金融与法律研究院的下属机构Renaissance Team发起的。它追求的是原创，保持独立。编辑们用这份电子刊物来记录和分享我们的阅读、思考以及一切与书有关的生活，从中体会一种伟大而单纯的乐趣。

编辑李华芳在一篇文章中说，她既不流行，也不时尚，而是专注于文化思想和社会科学领域的阅读与写作，但又不像一些学术论文一样孤芳自赏，而是在努力寻找一条“去学术化”和“去媒体化”之间的均衡之道。事实上，“网络时代的阅读不可避免会陷入肤浅的深渊而不自知，但同时又提供给我们更多机会去探索未知的领地”。这样的境遇，实在是怪异的，谁都难以确定，阅读的意义在于什么。

尽管现在《读品》办了近四个年头，已有差不多上百位作者，但相对于阅读来说，这依然是“少数派”。而一份读书民刊的影响力不是靠数量上的叠加，而是质量的提升。这也是一份事业是否成功的表现。这让我想起了《中国西部》，这本杂志有着十八年的历史，应该说，坚持的时间够久了，如果用心经营，想来即便做不成全国一流的杂志，至少不会很难堪。而事实上是，尽管杂志做了那么久，在质量上并没有突破，时不时仍会面临着被市场淘汰的可能。

不过，《读品》因为有了对阅读方向的努力，至今在读书民刊中仍然是一枝独秀的。正是因为这样，它所显现出来的色彩是平和的，而这其中又包含了“越读”的可能性。

关于“越读”，台湾文化教父郝明义认为，阅读不再是皓首穷经，阅读不再是闲情逸致；阅读不再是有目的，阅读不再是无目的；阅读不再是功利，阅读不再是品位；阅读不再是文字，阅读不再是图像；阅读不再有网络与书籍之分，阅读也不再有博士与高中生之分。这是一个没有越界阅读，就不成阅读的时代。不论错过了多少机会，不论多么晚开始，阅读都在等着给我们一个美好的机会。这是一个历史上从未有过的阅读者时代。因此，可以说，《读品》给爱书家所提供的就是一个“越读”的境界。

◎《天涯读书周刊》：阅读的诗意栖居

与另外两份读书民刊相比，《天涯读书周刊》走的是平民化的路线，她具有如下特点：一个是不删节。这个长处恐怕是别的同类型纸媒无法比拟的。在这个杂志上发布的文章，就我目之所及，是没有什么删节的，保持了文章的原汁原味。另一个是这份杂志坚持“界面友好”，也就是所选择的稿件大都不是高深的研究文章，更方便广大的普通读者阅读。作家郑子语说，我一直在旁观，就像站在一场场李白式的春夜宴边上，静听各位高谈阔论。宴会虽无吹拉弹唱，但一声声都是真趣味。宴会一点都不腐败，但是我看到的人物，人人眉宇之间，都有一种修炼得来的风华，和书卷气还不一样，比腐败更让我向往。爱书人因为有了这样的喜好，《天涯读书周刊》的博客点击量达到一百五十万。

《周刊》提倡的是，在书籍里寻找乐趣，而不是把写书评变成枯燥的工作。在这一思想主导下，它所受到的关注还不够；有思想、有分量的文字还不多；话题过于集中在现当代；交叉学科的阅读交流没有展开……这都是一份电子杂志成长中的缺憾。

纵观现在网上的读书民刊，我想起了朴素兄对它们的看法：娱人眼目，迷人神经，勾人魂魄，洗人心灵，招人眼球，启人心智，让网友不得不驻足，不得不浏览，不得不凝神敲下键盘。

读书民刊漫记

◎ 卷三

◎读书民刊的生存之路

2011年10月14日，第九届全国读书年会在温州市图书馆举行。这是在2001年，由南京《开卷》杂志和大学教授、图书记者、媒体编辑、书评人和出版人发起的一项活动，虽然纯属民间性质，但还是每年都坚持了下来。读书民刊年会与官方读书活动相比，规模上虽然有所缩减，但因其民间、草根的特色，吸引着越来越多的读书人参与进来。

读书年会是全国读书人的嘉年华，历年参与活动的人数，几近千人，参会的人员不仅仅局限于图书从业者，还包括文化官员、学生等群体。但在现实生活中，读书民刊存在资金、刊号、稿件资源等种种问题，同时由于编者识见的不同，在刊物质量上也存在着很大的差异。

◎书香社会的践行者

南京大学教授、中国阅读学研究会常务副理事长徐雁在本届读书年会说，民间读书年会，经过江苏凤凰台总经理蔡玉洗博士和《开卷》杂志执行主编董宁文先生的首倡，从江苏南京的第一届，接力赛式地顺利走到了第九届，今天又在浙江温州召开了！众所周知，“九”这个数字，在中国文化传统中，不仅仅表示计数之“九”，而且还蕴含着“连续多次数不尽，无限发展有能量”的祥涵福义。九天、九霄、九州，乃至九牛二虎、九流三教、九九归一，都是中国民间人文智慧的生动表达……所以，请允许我再次表达对全国民间读书年会各位朋友的谢意，期待在陈子善、王稼句、薛冰、谭宗远、龚明德、自牧、张阿泉、沈文冲、阿滢、卢为峰、蔡瑛等诸多热心人士的继续关注和大力参与下，从这第九届民间读书年会开始，再出发，再长征，再努力，从而更有创意、更有激情、更有开拓性地把年会打造成为当今华夏阅读、写作和散文随笔编辑们切磋心得、交流思想、检阅成果的新论坛、大论坛！

读书年会在举行过程中，当然也发生了这样那样的趣闻，从而使读书年会每年都呈现出不同的风貌来。但读书年会作为读书民刊的联谊活动，旨在交流读书民刊的资金来源、办刊经验、编校质量等问题。

读书年会不是读书人的俱乐部，而是书香社会的践行者。在物化越来越严重的时代，还有人读书，办民刊，坚持推广阅读，这在某种程度上是赔钱赚吆喝的事，但正因为这样，读书变得越来越“奢侈”。读书年会作为读书民刊交流的平台，也在力所能及地进行社会风气的改良。

◎读书民刊的未来之路

读书民刊在办刊过程中，遭遇的最大困难是资金问题，在民间，刊物大多需要主编具有强大的化缘能力（图书馆、书店主办的除外）。尽管读书民刊有“品牌效应”，但因为读书民刊带来的不是实际的物质利益，还是会在出版过程中遭遇各种问题。

《泰山书院》主编阿滢曾说，办刊经费是困扰民刊发展的主要因素，有些杂志经费由挂靠单位支付，还有一些杂志靠单位及朋友赞助。靠单位支付费用的杂志，大都因为单位负责人是支持文化事业的爱书人，但这种官员毕竟是少数，一旦更换了不懂文化的官员，杂志的命运就可想而知了。靠单位及朋友赞助的杂志更是朝不保夕。只有走市场的路子，才是杂志发展的最佳途径。

关于民刊的界定，更流行的做法是只要没正式刊号的刊物，都可以算作民刊。书话作家王成玉说，民刊可以舍大求小，去粗取精，少一些官样八股气，例如我们有很多真正的优秀的读书人撰稿，有较为固定的作者和读者群，讯息渠道更为畅通，包括各种办刊意见和建议等等。在他看来，读书民刊应该是指民间自己办的刊物，不依赖于图书馆和相应的官方机构，才算得上真正的民刊。

不过，就读书民刊来说，问题颇为复杂，既有出版机制的问题，也有杂志本身存在的问题。但不管从哪一个角度看，读书民刊应该是民间立场、草根精神，而这应该与其他类型的读书杂志既有区别又有联系。就真正的读书而言，并没有官方与民间的分野。

读书民刊要做得出色，还需解决内容编辑和编校质量等问题，这在去年的读书民刊年会上亦有讨论。不仅如此，作者在为民刊撰稿时，也应该有一些相应的自我管理机制，读书民刊既然经费、版面均有限，如果一篇文稿在甲杂志看到，在乙杂志也读到，实则是一种资源的浪费。不仅如此，鉴于读书民刊的制作成本、编辑方式等问题，也应该以短文为主，七八千甚至于上万言的文字还是以不刊发或连载刊发为宜（价值和趣味能保证与刊物相匹配）。以前我在做读书电子杂志时，觉得容量不是问题，字数多一些少一些不是关键，而是视内容而定，但现在看，这显然是读书电子杂志的误区了。

读书民刊要想做大做好，需要花的功夫和时间，还是不少的。期待更多的读书民刊出现，让书香在更多的人群中漂流。

◎民间读书的未来

“全民阅读”这几年大力被倡导，各地不断涌现出的“读书月”和“读书节”持续地将阅读热维持下去。

2013 年 11 月 30 日，第十一届全国民间读书年会在上海举行，此次会议由巴金故居《点滴》杂志主办，八十余位读书民刊主编、藏书家、书评人齐聚一堂，就民间读书的现状和未来进行了积极的探讨。除了会议本身所具有的亮点之外，由藏书票专家崔文川设计的藏书票成为每年的读书年会上的一道风景线，这种开放的姿态让民间读书风起云涌的同时，也给全民阅读带来了新潮流。

民间读书年会，其前身是由南京《开卷》杂志发起的“自办读书报刊讨论会”，逐渐发展为“全国民间读书报刊研讨会”，它是一个一直没有正式的组织名称，没有领导者和组织机构，甚至没有任何固定通联方式的纯粹松散型民间沙龙。但就是这样的组织，在推动全民阅读中发挥的作用依然是不可估量的。

◎民间读书刊物的诞生

在 20 世纪 90 年代后期，陆续诞生了众多的民间刊物，其中最值得关注的是一大批读书刊物的诞生，在推广阅读过程中发挥了重要的作用。这其中包括南京《开卷》、北京《芳草地》、温州《温州读书报》、长沙《书人》等。同类刊物的大量出现，南京《开卷》即萌生了联络各地读书刊物，每年举行一届年会，以此来推动全民阅读的想法。

如今的民间读书刊物如《悦读时代》《喜阅》的主办方大都为图书馆、文化馆，也有如《文笔》《乐读》等为民营企业或个人参与运作的，也有如西西弗书店的《唏嘘》和青苑书店的《豫章》等杂志的出现，这各有特色的办刊方式让阅读走进更多的人群，在某种程度上引领着当地阅读的风潮。

由此，如何划分民间与非民间也曾引起争论。不过，民间读书年会最后所达成的共识是，通过民间渠道发行传播的读书刊物即是读书民刊，这样的划分更贴近刊物的宗旨。但不同的民间刊物在出版发行过程中，还会存在这样那样的问题，既有刊物的休刊，也有新刊物的诞生。据 2013 年的读书年会统计，民间读书刊物的存在数量达一百多种。

近几年，几乎每年都有读书刊物诞生，这是在全民阅读的背景下，全国各地的读书会相继出现，从而催生出更多的读书平台。同时，随着网络阅读的出现，网络阅读刊物如《独立阅读报告》《天涯读书周刊》《绿茶书情》等也相继出现，从而将阅读向纵深推广。

◎《开卷》的标杆

在每年的读书年会上，《开卷》都成为绕不过去的话题。这是因为民间读书刊物中，影响最大的当推是《开卷》，其创办十余年来，汇聚了许多国内著名的文化老人，范用、黄宗江、丁聪、于光远、黄永厚、季羡林、吕恩等帮助尤大。董宁文每次去北京，总要拜望这几位老人。多年前，范用就带着董宁文拜访王世襄、叶至善等。之后，董宁文与王世襄保持着长时间的交往，这几年所编的“我的”系列的几本书都由王世襄题写书名。围绕着《开卷》，形成了一个良好的文化阅读氛围。

有意思的是，在《开卷》百期纪念文集中，朱正先生引鲁迅先生诗句为赠“扫除腻粉呈风骨”；邵燕祥先生题的是“读书人在民间”；周实先生写的是“刊物小，声音也小，但这压低了的声音，却能久久萦绕心灵”；彭燕郊先生写道“书即人，人即书，书、人即历史，即时代”。一个杂志，能够让人总想读，总盼望读，很难得，很不容易，很可贵。扬之水女士感慨：“读《开卷》，总有重逢旧交的欣喜，也常有结识今雨的快乐，人和书，尽在其中了。”这也是其他读书刊物所应有的风貌。

同时，湖北《书友》、北京《芳草地》、济南《日记杂志》等刊物都以不同的特色亮相，或侧重阅读的推广，或探讨读书人的生活方式，或追寻阅读的趣味，不一而足，在全民阅读的旗帜下，逐渐影响着不同的阅读群体。

在谈到民间读书刊物时，藏书家罗文华认为，趣味与品位，好比“民间读书”前行的两个轮子。而南昌大学中文系客座教授张国功则表示，民间读书报刊似乎只是求得在一小撮好书者中间流传着一些小众化的书事，共享一种别致的书趣，营造出一种清风细雨般的书香。他们甚至公开主张趣味主义的读书态度，经常沉迷于旧年读书人的爱好，如自制藏书票，赏玩毛边本。刊物大多毫无浓妆艳抹的张扬之气，而别有小荷翠露般的雅致之神。如果留心不同的民间读书刊物，这样的赞誉适合大多数。这也从侧面反映了读书民刊存在的内容同质化、定位不太清晰等问题。

◎未来的阅读方式

网络阅读崛起，纸质阅读会有所回落，阅读呈碎片化态势。这原本是阅读的趋势，也成为每届读书年会上争论的话题。但这样的争论就像争论纸质书消亡一样，不具有普遍意义。或者说如专家所言，在未来阅读是小众群体。当我们回顾人类文明史时，不难发现阅读的介质在某种程度上依赖于科技的进步，由此带来了阅读的革新，从竹简到纸张，再到电子阅读，这一个过程恰好反映出了文化的传承与延续。

对此，南京大学信息管理系教授徐雁认为，科技进步带来读者阅读习惯的变化，传统纸质书籍产品需求量下降，阅读电子书日益成为潮流。电子阅读与纸质阅读的共存，并不妨碍阅读趣味的延续，比如藏书票、毛边本、手札、信笺等方式也都会持续存在下去，这说明阅读的多元，每一个读书人完全可以按照自己的方式去阅读，让阅读变得更有意思一点。

华东师范大学中文系教授陈子善认为，阅读的轨迹大多是从非专业阅读到专业阅读，然后再从专业阅读进入非专业阅读。因此，兴趣决定了阅读的轨迹。这也是当下阅读逐渐分化的过程。在未来，阅读将以怎样的方式存在，陈教授提出的“双赢”意见在某种程度上，即是个人阅读上的知识增量，而不是一味地进行功利化阅读。

这几年同样有新的读书民间刊物问世，比如桐乡的《梧桐影》、长沙的《湘水》、株洲的《湘江边的旧书摊》等都以新姿态亮相。不过，在看待民间读书刊物时，不可以一概而论，更需要观察其办刊方式、内容取向，以及杂志的趣味指向。不可否认的是，在越来越强调多元与个性化的同时，民间读书刊物带来的是阅读的新气象。

阅读虽然不是我们日常生活的必需品，却因有了阅读，生活才变得更有质量。在民间读书的过程中，读书刊物以潜移默化的作用推动着阅读，如果说“书传递灵魂”的话，那么，我相信“灵魂或许不是那么畅销，但因为其真实存在，能给我们朴素的生活带来更多的美好”。

有灵魂，有营养，这也是阅读在未来存在的理由。

◎创意，让杂志更好看

前几天，跟朋友聊天，说起读书刊物，内容看似大同小异。一篇读书文章可以在这家发，也可以在那家发，其间的区别在哪里？仅仅是栏目的划分就足够了吗？似乎不能够。这其实反映的是读书杂志面临的困境。一些杂志看上去就像是“玩票”。

戏剧的“票友”讲求的是艺术、是风格，读书刊物的“玩票”固然也是业余，是不是在编辑内容方面要求就有所降低，校对可以不仔细呢？此类问题的提出，可能需要我们关注的是杂志为何一直不能再上一个档次。

这让我想起前段时间，参加一个学会的活动，他们要编一本杂志，杂志由编辑、主编校对似乎就足够了，不需要专业的校对。我还是建议找专业的校对来做，避免更多的差错。他们给出的理由是，一些专业术语可能校对不理解，会改错。

校对当然存在着这种可能。可这不能构成否认校对的理由。说实在话，看见一本杂志或书上，错误连篇，哪怕是再好看的内容也会懒得看（不知道是不是该相信内容真的精彩）。说白了，一本泛泛、没个性的杂志是没啥好看的。这或许是大多数读者的心理吧。杂志做得足够精彩，这是考验一本刊物的创意。

能否有兴趣做杂志，有能力做杂志，有创意做杂志，很显然是不同的层次。为什么有的杂志会让人读了再读，而有的杂志则让人没有阅读的兴趣呢？这牵涉的不只是杂志内容要言之有物的问题，也在考验杂志在思想深度或可读性能够走多远。

简单地说，一本读书刊物要好看。

这好看，既包括内容的好看，也还包括版式、装帧的不俗。有的读书刊物排版老式，好像把文章直接放进去，一页一页地排下来，就足够了。可仔细想想，阅读的审美趣味都没有，即便有好看的内容，也难以让人想读下去吧。不仅如此，主编或编辑部的大作，书画、摄影、文字都能大片地看到，这种“自恋”的做法，也让杂志染上更多的个人色彩了。与其这样，我倒觉得做一本个人杂志也蛮好。

喜爱阅读，与做杂志不是一回事。做杂志讲究的是专业，有创意，而一般的阅读，未必有这么高的要求（大多数我们强调阅读是非功利性的，只是一个人的私事）。做杂志是需要有自己的阅读世界观，而非局限于一己的喜好，应该包容不同的思想，在这一点上，做杂志更需要带有求解的精神去做。事实上，在今天，限于阅读条件，我们的阅读可能充满了偏见，而这对办好一本杂志是困难的。

创意，通过这个，我们可比较不同杂志的价值观，由此可看出它在读者当中存活的概率有多大。而缺乏对杂志清晰的预见，做一期是一期，至于能做多久，却没有太大的把握。这正是杂志存在的困境。

正视杂志中存在的缺憾，力图修正，使之符合当下的阅读趋势（让更多的人喜爱），这就要求杂志有自己的高度，在内容上有可执行的力度，从而才能够使杂志办得喜闻乐见。譬如喜爱《读库》的人很多，但能做到像它这样的有趣、有料、有种，也不是谁都能轻易做到这样的高度。

单纯做一期杂志，易。倘若缺了创意，那就距离杂志的死亡期不远了。因之，做杂志，不妨套用当下的流行语：且行且珍惜。

◎文学刊物的生与死

《天南》杂志的忽然停刊，不料引起轩然大波。各种意见都似乎在表达一种情绪：一册杂志的生与死，就如同自然界的生长、死亡一样，是一个延续的过程。不过，对文学杂志的种种物议，除了简单地表达情绪之外，似乎欠缺更多深入的思考。

前几天，我们小区旁边一家杂货店关门了，换成了一家理发店。这背后的原因有多种可能。我听到的传言是，老板找到了更好的发财渠道，所以就关了杂货店。文学杂志的关门大抵跟这个类似，也是因为种种原因。但我想到的是，文学杂志的停刊，原因除了读者不愿读外，恐怕也跟其圈子化，远离文学相关。我们常常说文学是纯洁的事业，今天却被名利场环绕，成为利益链的一环。

这只是一个方面的问题。更深层次的原因是，当下的文学杂志能引起读者共鸣的作品少了，就我的阅读趣味而言，小说也好，戏剧也罢，假若没有阅读的挑战，就读来无味。这也许跟当下的杂志少了点人文情怀，又缺失生动活泼有着些许关系。

这是一个阅读多元的时代，每个人都可根据自己的阅读需求，选择要读的刊物或图书，这无可厚非，但就杂志而言，给读者提供的应是知识和养料，而不仅仅是一种简单的文字组合（如同梨花体的诗歌那样）。更多的时候，杂志是在寻求自己的目标读者，而读者也在选择自己的理想读物，如何将这两者结合在一起，才是杂志面临的最关键问题。这在理论上看似简单，其实是考验杂志对大众读者阅读口味的变迁是否有敏锐的察觉。

在《天涯读书周刊》的办刊过程中，我们注意杂志的方向与读者的阅读需求结合在一起。尽管杂志版面设计简洁，似乎内容也并没多少值得关注的东西，但因文章的精炼、杂志风格的活泼而受读者欢迎。很显然不能拿《天涯读书周刊》这个个案来说明当下的一些杂志的生与死。

不管杂志的内容如何，单就市场来说，在今天都日趋小众，阅读者总是少数（读者的细分），这就要求杂志做得更精细，尽可能地完美。在这一点上，或许我们可以借鉴国外杂志的成功经验——不是简单的模式照搬，而是结合当下，将杂志办得更灵活、更风趣一些。此外，办杂志考验的是一种耐力，不仅仅是取决于性情或激情，而是始终保持一份敏锐的观察，总是从万千世界中，找到符合自己的风格和内容。比如国内就有不少杂志社声称要做成中国版的《纽约客》，但这多半是一种浮夸的表现，做杂志是做出自己的风格，而不是某一种刊物的替身或影子。从这一点看，很多杂志都不及格，自然也就免不了创刊之后很快死掉的命运。

常常有朋友说，做事如同做人。做杂志何尝不是这样？因为没有思想的高度，以及对杂志未来的期许，也就难以成就一本“老字号”杂志。因之，做好一本杂志的关键就在于老老实实把内容做好，把版式设计漂亮一点，如此，每一期都有进步，自然不难做出一本好杂志。

◎爱读的或讨厌的

读书刊物做出来是给人看的，要么是消遣，要么获取新知。不管是哪一种选择，都需要跟当下结合，脱离了当下的环境，固然可谈哲学啦、精神啦，但最终可能做得空洞。这是不太符合阅读的路数的。

读书刊物，未必要去追逐潮流，但一定得有自己的主张。至于主张的对错，那是需要检验的。读民国的一些杂志，哪怕是只出版了几期，都似乎有能让人记住的东西，那是一种生命力的体现。而今的一些杂志，我们似乎只能用曾经存在过来说了，其阅读主张如何，大多是不清晰的，有多少有影响力的文章呢？似乎也谈不上。总之，是一种极为常见的平庸吧。

为什么我们爱读一种杂志？简言之，那就是杂志中有跟自己契合的东西，或对口味，或有所喜好。试想，一本面目可憎的杂志，能让人喜爱吗？

读书类的刊物常常是免费赠送的，绝少需要付费阅读。免费的，是不是就一定讨人喜欢？我看那也未必。所以，有的刊物会渐渐地流落到地摊、旧书市场等一些地方。这似乎也是正常的事，杂志要找到自己的读者群。杂志跟读者，就像恋爱，处上了才知道是否合适。

这里不妨说说我喜欢的读书刊物类型吧。

所谓文章。并非是多高深的学问，也并非是炫耀什么，而是把所习见的道理用平实的语言讲解出来，有那么一点性情和趣味。如此看读书文章，也就能读出些许意思来。像周作人、林语堂、梁实秋等人的文章，今天看，依然有其价值，这也应该是今天写作者所追求的境界吧。

谈书论文，讲求的是什么？是一种自己的发现与疑问，由此产生的分享与交流。倘若读书文章老气横秋，怕是难以打动读者，何况对见多识广的作者而言，读书无技巧，就是老老实实地读书罢了，读有所得，读有所感，由此发散成一篇篇文字，这才是得文章之道。

对“啃老族”的文章不太感冒，动不动就拿一些老人作为话题来谈论一番，其谈论的东西趣味稀少，看上去似乎有许多的研究，却未必能讲解出更多的价值内涵来，以至于谈老人等于文章有个可以到处发表的可能。这是否是阅读的真精神，也是值得怀疑的。

对一篇文章在甲刊上看到，又在乙刊上读到，是文章好，需四处传扬的结果吗？似乎不完全是，更多的是作者在乎发表（你看，一篇文章可以发无数家刊物），如此既浪费了读书刊物的资源，也浪费了读者的时间。遇到这样的文章，可以略过不看；遇到这样的作者，大抵也是可略过的吧（诗歌刊物有时也存在着类似的事）。

读书杂志切忌装腔作势，譬如在考证史实上，没有自己独家的东西（思想、见解），不过是人云亦云，引用的名言、案例也颇多，可那都只是文章中的浮云，看罢，少一点新鲜劲。如此文章，让人看了觉得厌倦。在评判史实时，因为缺乏识见，就难免出现这样那样的差错了。

◎小杂志，大世界

这几年，陆续收到不同城市的文化杂志，比如天津的《天津记忆》《问津》、温州的《瓯风》、慈溪的《上林文丛》和桐乡的《传贻小文丛》等。说其小众，是因其关注点是地方文献，印量也大都不多，三五百册左右。它们还有一个特点是民间办刊。这对地方文化来说，多少是一种促进。

前几天，有一朋友想做一本书，寻求地方政府支持。他所做的书，在我看来，可不就是一个宣传品嘛，描述现在，展望未来，里面充满了赞颂的调子。我就疑惑，一个文化人做这样的事，是应该的吗？

也许这意见有失偏颇。但我知道，对当下社会状况的探索、挖掘，应该用接地气的方式，而不是唱唱赞歌就完事的。这就像当下的一些所谓的宣传，就是往死里地夸，却少了一份人文关怀。这也许是问题的关键。

成都这些年出现的形形色色的杂志很多，关注地方生活的不少，但关注地方文化的却不是特别多。这背后可能跟成都人的思维有关，办杂志是做一份生意，讲究的是营生。而做地方文化这一块，完全是吃力不讨好的事。有时候，阅读不同城市地方文化的书或杂志，不免会感慨，一个历史的小细节，就能洞察出社会的变迁，或可作正史的注解。像成都这个有文化的城市，在这一块做得还不够好，不是这一块没有人才，而是缺乏系统的整理者。所以，我们在谈论成都的历史时会有许多猜想存在。

文化传承，并不是搞一次活动就能解决的问题，而是要深入到问题的根部去挖掘。民间手工艺、民间记忆、历史掌故、不同的断代史，都可丰富历史，这样那样的记忆汇集在一起，才使城市不会变成“看不见的城市”。为何我们谈论一个城市时会觉得温暖，就是因为在那里有温暖的记忆，反之，我们就会没兴趣。

有意思的是，读书刊物除了推出相关文丛之外，还相继推出了一些选本，如《温州读书报》的《瓯歌》系列、桐乡的《梧桐影》推出了《梧桐影文选》等。听说有一些刊物也在有计划地推出一些相关的图书，除了刊物本身之外，文化沙龙、相关衍生物的出现，也带动了读书质量的提升。

前几年，成都还有《文化人》《成都客》这样的杂志，但因种种原因都消失掉了。虽然有这样那样的文史资料存在，但那只是官方的记载，与普通民众的距离太远，而且亲和力不足，读者也就缺少了阅读的兴趣。

人人都是自己的历史学家。倘若有一份小杂志，系统地将成都的各种记忆梳理一遍，比如锦江、比如华西坝、比如人物的纪念、比如花草树木，凡此等等，都能让人对这个城市多一份热爱了。

小杂志，大世界。从这里出发，是可以抵达人类的精神高地的，这不是唱几句赞歌就成的。

◎自媒体时代的读书

2003年，我把从网络论坛逐渐抽离出来，转身到博客。查自己曾使用的博客，在天涯社区开得最久，至今已超过十年。我不太确定，这或许是自媒体的开始。

这十年，从论坛到博客，到微博，到微信，几乎都有所涉及。那时，我们还不能称为自媒体，尽管在网络上早已成为某种类型的“公众人物”，朋友的圈子也因网络而不断地扩大，如此，以自己的文字形象建立的世界，也许就是自媒体吧。

都说，这是一个自媒体时代。特别对一个撰稿人而言，更需经营有方才是。但像我这样混迹于各种网络的，大有人在，那时，我们被称之为达人。2007年跟朋友创办《天涯读书周刊》，迄今做了七年，还在继续做下去，与同类的纸质读书民刊相比，我们因只存在选稿、编辑的问题，而省去诸如印刷、邮寄的环节，也过得十分舒心。但在这个时代，还有多少人愿意去读这样一份电子杂志？我还是有些信心不足（曾经将杂志邮件发送，一下子累积到数千份，就采取网络上自由下载了）。

我知道的是，一些读书刊物每期印量只有几百份，但因特色不足，无法吸引更多的人去阅读，更不要说获取经济支持了。这样的刊物是孤芳自赏型的吧。可仔细想想，倘若一份刊物办到这份上，真不如不做。

在媒体转型的今天，自媒体能够以个性化而存在。就读书刊物而言，是不是也可以转型一下，突出一些个性，至于其中的对与错，都交给时间评判好了。我想起上海的《文学报》所创办的《新批评》，因要对具体的作品批评，而作者量不足，结果批评无法正常进行。这是一个文化的困境，阅读何尝不是，明明知道某一种书不好，却不会发表意见，只因为在批评的同时，可能惹来不必要的麻烦。

自媒体，是个性的延伸。当我们对阅读还寄予希望的时候，不妨从当下开始阅读，把自己的阅读感受写下来，如此，才能收获得更多一些。自媒体所呈现出的阅读状态是自由的，也是随意的，却可以当成一个人的阅读踪迹来看待。

阅读载体的变化，是符合科技的进步的，当大众都在阅读自媒体时，我们是否也该调整读书刊物的方向呢？我以为大有必要。毕竟阅读的方式可以多元，而思想、价值观不会有所改变，就像我们日常所使用的饮食器具不管有怎样的变化，所食用的食物，还是那些一样。我们纠结的不是阅读的大环境变化了，而该追问我们的读书刊物是否脱离了大众。

绿茶曾说：“我也试着把《绿茶书情》自媒体化了，但基本上是个失败的账号，更新不及时，也没什么新意，退订率很高，打开率不高。虽粉丝每天都在增长，也积攒了有大几千粉丝，但我知道大多数是原来积累的口碑。我也想努力做好，但没有找到好的创意。”

读书刊物，不妨多一些自省。如此，也许就能发现，不管时代怎样变化，读书，依然是我们生活中不可或缺的一部分。打开书本，找到适合自己阅读的方式就是。

后记

读书民间年会至今年已举办十三届，团结了一大批读书民刊和读书人。这十三年，读书民刊的发展态势可以用越来越好来形容。首先是读书民刊的形态日渐丰富，除了纸质刊物，也还有网络杂志、自媒体；其次是读书刊物的主办方也更加多样化，有文化机构、有图书馆，也有个人独立创办的；三是内容更为宽泛，书人书事、文坛掌故、读书资讯都可在刊物中寻见；第四是办刊思想更开放，从传统刊物到现在的多元思想，都是以开放的姿态出现。

我接触读书民刊是从2005年开始的，这十年来，我从最初的撰稿人，到成为热心参与者，继而成为读书民刊收藏者，再成为记录者，这个轨迹也正好是我对读书民刊不断认知的过程。由此，我跟许多读书民刊的主编、编辑成了好朋友，但也仅仅是这样。

2013年的时候，给《今晚报》副刊写稿，先写了篇《开卷》，随后，王振良先生提议，这可做一个读书民刊专栏。接下来，我跟编辑彭博兄具体商量如何做好这个专栏。将每家读书民刊的特色都展现出来，又要体现个性，这也难。好在一直在做一些尝试，如此就一发不可收拾，陆续写出了许多文字。倘若没有王先生的提议、彭博兄的支持，我肯定写不了那么多文章。

本书的第二辑是做《天涯读书周刊》电子杂志的结晶，最初只是想有意识地记录做这份电子杂志中的种种故事，刚开始写还觉得有意思，后来，意兴阑珊，杂志现在还在做，却少有记录的兴趣了。

第三辑是在接触读书民刊过程中的一些思索。关于读书民刊的过去、未来，这个是见仁见智的话题，至于观点如何，不妨都可以做一些交流。

最值得一说的是附录里的读书民刊史料，这些信息来源于徐玉福先生主编的《悦读时代》整理的读书民刊资料，在此基础之上，加上我对读书民刊的了解，做了一些必要的整理和修订。

在写作《读书民刊漫记》时，得到了书中所提到的读书刊物的大力支持，提供资料，核实细节，和以研究日记著称的康健先生提供的早期的一些读书民刊资料……这个名单很长，在此一并致谢。此外李传新先生，他就文章中的错误提出了修正，以及读书刊物的音序排列等问题给出中肯的意见。在此也同样表示感谢。

末了，我要说的是，没有读书民刊的作者、编辑、主编的辛苦劳作，就没有这册《读书民刊漫记》的诞生。这里所谈到的读书民刊，只是其中的一部分，难免挂一漏万，更多的读书刊物因未曾寓目，不好打胡乱说，以后本书有修订的机会，不妨再加进来。在倡导全民阅读的今天，读书民刊的发展也逐渐被有关文化部门重视，这是好现象，至于官方还是民间，我以为只要是倡导阅读就好。

在此，向所有的读书民刊致敬！

2014 年 4 月 23 日 世界读书日

2015 年 10 月改定

◎附录

读书民刊史料

1. 名称：《古旧书讯》
地点：上海
责任编辑：胥智芬
主办者：上海书店
其他：1959年创刊，原名《业务通讯》，1960年改为《古旧书讯》，出18期后停刊。1979年复刊，初期油印，后改铅印。1989年第6期后停刊。

2. 名称：《书窗》
地点：湖北通城
主编：袁泉
主办者：湖北通城文联
其他：1983年12月创刊，1988年12月停刊。

3. 名称：《长图通讯》
地点：吉林长春
主办者：长春图书馆
其他：1985年2月创刊。

4. 名称：《联谊简讯》
地点：北京
主办者：生活·读书·新知三联书店北京老同志联谊会
其他：1988年5月创刊。中间停刊。2002年2月复刊，2004年第11期后停刊。

5. 名称：《读书人》
地点：四川成都
负责人：阿年（原名：杨守年）
主办者：香港东方艺术中心主办，后改与四川大学出版社合办
其他：1991年创办《读书人报》，1992年改为《读书人》杂志，

1993 年停刊。2001 年 6 月复刊，2005 年与四川大学出版社合办，双月刊。

6. 名称：《秀州书局简讯》
地点：浙江嘉兴
主编：范笑我（原名：范晓华，网名：自作多晴）
主办者：浙江嘉兴秀州书局
其他：1994 年 4 月创办，出至 242 期后，于 2006 年停刊。

7. 名称：《三联贵阳联谊通讯》
地点：贵州贵阳
主编：袁伯康
主办者：生活·读书·新知三联书店贵阳联谊会
其他：1996 年 4 月创刊，出至 48 期后，于 2007 年 9 月停刊。

8. 名称：《译林书评》
地点：江苏南京
主编：顾爱彬
执行主编：董宁文
主办者：译林出版社
其他：1996 年创刊。

9. 名称：《书窗》
地点：上海
主编：胡建强，第 2 期改为俞子林
主办者：上海书店主办，2002 年改由上海世纪出版集团主办
其他：1997 年创刊，出至 12 期后停刊。

10. 名称：《温州读书报》
地点：浙江温州
主编：卢礼阳（53 期接任）
主办者：浙江省温州市图书馆主办
其他：1997 年创刊，月报，8 开 4 版，现已出版 185 期。该刊物是中国图书馆学会阅读推广委员会指定书香园地。2011 年承办全国第九届民间读书年会。

11. 名称：《书友》

地点：湖北十堰

主编：黄成勇（网名：佣书斋）、胡荣茂

主办者：湖北十堰新华书店

其他：1998 年 3 月创办，月报，8 开 4 版。出至第 84 期后有短暂休刊，2006 年 2 月复刊，后历两任主编：陈玉龙、苏云飞，编辑李智慧、胡荣茂。2011 年 1 月再次停刊。共出版 145 期。2004 年承办全国第二届民间读书报刊讨论会。

12. 名称：《阅读》

地点：贵州贵阳

主编：邹宁

主办者：贵州西西弗文化传播有限公司主办，后改为贵州西西弗书店、广州学而优书店、重庆精典书店和宁波新世纪书店联办

其他：1998 年 5 月创刊，最早叫《双周书讯》，后更名为《阅读空间》，最后才定现名。开始为月刊，2000 年后改为双月刊。

13. 名称：《日记报》（后改名为《日记杂志》）

地点：山东济南

主编：自牧（原名：邓基平）、于晓明（网名：寂寞书香）

其他：1999 年 9 月创办，2003 年第 31 期改为杂志型连续出版物，2005 年改为《日记杂志》。现已出版 53 卷。

14. 名称：《开卷》

地点：江苏南京

主编：董宁文（笔名：子聪）

主办者：凤凰台饭店凤凰读书俱乐部主办，2011 年改由南京卧龙湖书院主办

其他：2000 年 4 月创刊，月刊。现已出版 151 期。每期印 5000 册。2003 年发起举办全国首届自办读书报刊讨论会。

15. 名称：《世纪书窗》

地点： 上海

执行主编：金良年 责任编辑：俞子林、刘广汉、王琳（2001 年第 1 期后为副主编）

主办者：上海世纪出版集团主办

其他：2000 年创刊，2002 年改名《文景》，不定期出版发行。2004 年 7 月，《文景》改为月刊。

16. 名称：《可一》

地点：江苏南京

主编：钱晓征

主办者：可一书店、可一画廊主办

其他：2000 年创刊，不定期出版。每期印 4000 册。

17. 名称：《东方书林》

地点：上海

主编：刘毅强

执行主编：鲍振华

主办者：上海图书公司东方读书俱乐部

其他： 2001 年创刊，双月刊。2010 年停刊。

18. 名称：《书缘》

地点：江苏南京

主办者：江苏新华发行集团、江苏新华书缘读者俱乐部主办

其他：2001 年创刊。

19. 名称：《泰山周刊 · 文化》

地点：山东新泰

主编：阿滢

主办者：泰安市广播电视局

其他：2002 年 7 月创刊，周刊。文化版 4 开 4 版，一版作家专栏、二版散文领地、三版诗意空间、四版泰山书院。2007 年 12 月停刊。

20. 名称：《包商时报》《包商书声》

地点：内蒙古包头

主编：冯传友

主办者：包商银行

其他：2009 年 4 月创刊。本期为三四期合刊，此前为 4 开小报。铜版纸，从第 6 期开始改成对开 4 版大报，8 月份改成对开 8 版。

21. 名称：《清泉》

地点：内蒙古呼和浩特

主编：张阿泉

主办者：内蒙古泽则书友会会刊

其他：2003 年 3 月创办，月出 1 期，对开 4 版。出 24 期后停刊。每期印 3000 份。2007 年 11 月 15 日改由内蒙古藏书家协会主办，4 开 16 或 20 版，不定期出版，至 2008 年 12 月 31 日又出 14 期。2006 年承办全国第四届民办读书报刊研讨会。

22. 名称：《芳草地》

地点：北京

主编：徐伟

执行主编：谭宗远

主办者：北京朝阳区文化馆主办

其他：2003 年 4 月创刊，双月刊，后改为季刊。2005 年承办全国第三届民办读书报刊研讨会。

23. 名称：《猎书》

地点：浙江温州

主编：方韶毅

主办者：猎书馆图书营销机构

其他：2003 年 4 月创刊，双月刊。

24. 名称：《新华书苑》

地点：江苏常州

主办者：江苏常州新华书店有限责任公司

其他：2003 年 4 月创刊。

25. 名称：《书人》

地点：湖南长沙

主编：龙挺

执行主编：萧金鉴（网名：毕竟东）

主办者：弘道文化传媒有限公司读书人俱乐部主办，2006 年 6 月改由岳麓书社主办其他：2003 年 6 月创刊，季刊。第 7 期始有总期数。

26. 名称：《麦田书友》
地点：河北石家庄
主编：姜红
主办者：河北麦田图书有限责任公司
其他：2003 年 6 月创刊。

27. 名称：《博古》
地点：上海
主编：彭卫国
执行主编：俞子林
编辑：陈克希（笔名：虎闱）等
主办者：上海图书公司
其他：2003 年 7 月创刊，出 9 期后，于 2006 年停刊。

28. 名称：《濂溪》
地点：江西九江
主办者：九江学院图书馆
其他：2003 年创刊，2010 年 4 月更现名。

29. 名称：《谱牒文化》
地点：江苏常州
主编：朱炳国
主办者：常州图书馆、武进图书馆
其他：2004 年 1 月创办，名《谱牒文化研究》，双月刊，出版至 25 期。2008 年 10 月改版为《谱牒文化》季刊，现已出版 15 期。

30. 名称：《书简》
地点：河南濮阳
主编：王金魁
其他：2004 年 8 月创刊，现已出版 19 期。

31. 名称：《书缘》
地点：四川成都

主办者：文轩俱乐部
其他：2004 年 8 月创刊。出 2 期后停办。

32. 名称：《万卷收藏》
地点：辽宁沈阳
主编：王会鹏（执行主编）
主办者：万卷收藏读者俱乐部
其他：2004 年 9 月创刊。

33. 名称：《中国期刊收藏》
地点：湖北十堰
主编：朱永忠
主办者：十堰藏书家协会
其他：2004 年 11 月试刊，2006 年出创刊号，出至第 6 期后休刊，共出版 13 期。另有网络版。

34. 名称：《毛边书讯》
地点：湖北十堰，后迁四川成都
主编：傅天斌（网名：毛边局长）
主办者：成都毛边书局
其他：2004 年 12 月试刊，已出试刊 4 期（三、四期为合刊）。

35. 名称：《悦读》
地点：江苏南京
主编：徐雁
主办者：中国写作学会阅读学专业委员会
其他：2005 年 8 月创刊。

36. 名称：《上海古旧书会》
地点：上海
主编：彭卫国
编辑：朱国祥
主办者：上海图书公司
其他：2005 年 10 月创刊。

37. 名称：《书香》
地点：安徽芜湖
主编：汪应泽（网名：书香小报）、许进（网名：鸠兹谷村）
编委：桑农、许进、张翔、郭青、倪建明
主办者：《书香》编辑部
其他：2005 年试刊第 1 期，2006 年试刊第 2 期，2007 年改为季刊。

38. 名称：《崇文》
地点：湖北武汉
主编：华应生
执行主编：袁国雄、方平
责任编辑：黄成勇（网名：佣书斋）
特约编辑：李传新
主办：湖北新华书店集团
其他：2006 年 1 月创刊，月刊。2009 年 12 月停刊，共出版 37 期。其中 2008 年只出了 1 期，余为月刊，但有若干合刊。2012 年将由黄成勇主编，崇文书局续出。

39. 名称：《朝阳书友》
地点：北京
主编：徐铁猊
主办者：朝阳区图书馆
其他：2006 年 2 月创刊，双月刊，线装。

40. 名称：《书友》
地点：福建福州
主办者：福建师大附中图书馆
其他：2006 年 4 月创刊，周刊。

41. 名称：《文笔》
地点：江西进贤
主编：邹农耕
执行编辑：张国功、萧金鉴
主办者：初为进贤县文联，后为董源艺术研究院，2011 年后为南昌市文港文房四宝协会主办其他：2006 年 6 月创刊，季刊，每年出版春、夏、秋、冬四卷，现已出版 19 期。

42. 名称：《泰山书院》
地点：山东新泰
主编：阿滢
主办者：新泰市藏书家协会
其他：2006 年 6 月创刊，不定期出版，现已出版 4 期。

43. 名称：《书香》
地点：山东潍坊
主编：秉正
主办者：书香公社
其他：2006 年创刊，不定期出版，自卷 45 号起改线装。现已出版 53 期。

44. 名称：《书脉》
地点：北京
主编：古农（原名：于晓明，网名：寂寞书香）
主办者：北京书脉文化传播有限公司
其他：2007 年 1 月创刊。2008 年 4 月停刊，2010 年 6 月复刊，出版 18 期。2012 年与《都市文化报》合作，改为《书脉周刊》。

45. 名称：《水仙阁》
地点：浙江海宁
主编：王丽霞
副主编：汪莉薇
执行主编：子午源（原名：陆子康）
主办者：海宁市图书馆
其他：2007 年 1 月创刊，季刊，迄今已出 25 期，现每期印数 1520 册。

46. 名称：《读书好》
地点：香港
主编：邝颖萱
主办者：小书局
其他：2007 年 2 月创刊，月刊，月印 50000 册。

47. 名称：《书乡》
地点：江苏南京
主编：唐人
执行主编：子聪（原名：董宁文）
主办者：书乡联盟
其他：2007 年 3 月创刊。

48. 名称：《文澜》
地点：浙江杭州
主编：陈建一、
副主编：何平、蒋山
执行主编：褚树青
主办者：杭州图书馆
其他：2007 年 6 月创刊，季刊。创刊号，线装横排。第 3 期开始，线装竖排。现已出版 10 期。

49. 名称：《旧书交流目录》
地点：河北石家庄
主编：刘爱平 编辑：晓华
主办者：古旧书刊报收藏编辑部主办，华夏旧书交流中心协办
其他：2007 年 10 月试刊，双月刊。

50. 名称：《茶韵书香》
地点：北京
主编：于晓明、陆晓晶
主办者：碧露轩茶艺有限公司
其他：2007 年创刊，线装本。

51. 名称：《藏书》
地点：江苏南京
主编：周瑞玉
执行主编：金小明
责任编辑：徐雷
主办者：江苏省收藏家协会报刊专业委员会

其他：2007 年创刊，双月刊。

52. 名称：《尔雅》
地点：江苏太仓
主编：王雪春 周卫彬
主办者：太仓图书馆
其他：2008 年春天创刊，双月刊，现已出版 19 期。

53. 名称：《民间书声》
地点： 湖北襄樊
主编： 张哲
主办者：中国旧书网
其他：2008 年创刊。只出 1 期。

54. 名称：《点滴》
地点：上海
主编：陈思和、陈子善
执行主编：周立民
主办者：巴金故居、巴金研究会
其他：2008 年 9 月试刊，2009 年 1 月创刊，双月刊，现已出版 16 期。

55. 名称：《天津记忆》
地点：天津
主编：王振良、张元卿（文稿编辑）
主办者：天津文津社
其他：2008 年 10 月创刊，不定期出版。每期 48 页，一般印 300 册。

56. 名称：《今日阅读》
地点：江苏苏州
主编：邱冠华
责任编辑：江少莉、王媛
主办者：苏州市图书馆
其他：2008 年底试刊，2009 年 3 月创刊，季刊，现已出版 14 期。为中国图书馆学会阅读推广委员会会刊。

57. 名称：《园地》
地点：山西沁源
主编：杨栋
主办者：沁源作家协会主办
其他：2008 年创刊，现已出版 5 期。

58. 名称：《悦读时代》
地点：广东东莞
主编：徐雁、李东来
执行主编：徐玉福
主办者：东莞市图书馆主办，中国阅读学研究会、中国图书馆学会图书馆与社会阅读委员会协办
其他：2009 年 1 月创刊，双月刊。2012 年改季刊。现已出版 20 期。初期印 2000 册，后改印 1500 册。为中国阅读学研究会会刊。2012 年承办全国第十届民间读书年会。

59. 名称：《上林》
地点：浙江慈溪
主编：童银舫
副主编：胡遐、陈墨
主办者：慈溪市上林书社
其他：2009 年 1 月创刊，名《上林书社》，季刊。后改现名。出版 9 期后，改不定期出版。

60. 名称：《读读书》
地点：江苏江阴
主编：陈蓉
主办者：江阴市图书馆
其他：2009 年 1 月创刊，季刊，现已出版 20 期。为中国图书馆学会阅读推广委员会、阅读文化研究专业委员会会刊。

61. 名称：《书 · 时光》
地点：湖北孝昌
主编：韩绍
主办者：永和文化传媒有限公司

其他：2009 年 1 月创刊，现已出版 15 期。

62. 名称：《新泰文史》
地点： 山东新泰
主编： 阿滢（原名：郭伟）
主办者：新泰市文史学会
其他：2009 年 1 月创刊，初期不定期出版，2011 年改为季刊。现已出版 9 期。

63. 名称：《惠山读书》
地点：江苏无锡
主办者：惠山读书社
其他：2009 年 7 月创刊。

64. 名称：《博客》
地点： 湖南株洲
主编： 舒凡
主办者：株洲新闻网
其他：2009 年 9 月创刊，年刊，已出 3 期。

65. 名称：《好书大赏》
地点：北京
主编：陈晓梅
编辑：田伟青、程建农、陆静、王睿
主办者：《出版人》杂志
其他：2009 年创刊，年刊。

66. 名称：《杨柳风》
地点：浙江桐乡
主编：丰一吟
责任编辑：吴浩然
主办者：《杨柳风》编辑部
其他：2010 年 1 月创刊，半年刊。

67. 名称：《南雨书香》

地点：湖南长沙
主办者：南雨书屋
其他：2010年3月创刊。

68. 名称：《阅微》
地点：江苏南京
主编：李海燕
主办者：金陵图书馆
其他：2010年10月创刊，双月刊。

69. 名称：《书香中国》
地点：北京
主办者：中国新闻出版研究院、国民阅读研究与促进中心
其他：2010年10月创刊。

70. 名称：《问红》
地点：浙江德清
主编：张建智
主办者：德清县文联
其他：2010年创刊，只出了1期。

71. 名称：《尚书》
地点：广东东莞
主编：王玥、谢均
主办者：莞城图书馆
其他：2011年春创刊，季刊。

72. 名称：《易读》
地点：广东东莞
主编：李东来
主办者：东莞市图书馆主办，中国图书馆学会图书馆与社会阅读委员会协办
其他：2011年4月创刊，季刊，现已出版6期。2012年承办全国第十届民间读书年会。

73. 名称：《品书空间》
地点：广东深圳
主编：潘金辉
主办者：龙岗区图书馆和龙岗区委宣传部理论科联合主办
其他：2011 年 4 月创刊，双月刊，现已出版 8 期。

74. 名称：《阅读文化》
地点：江苏宿迁
主编：马志春
副主编：张延卫、武灵芝、徐加林
编辑部主任：张竞元
编委：丁玲、张前永、徐阳、夏娇丽、谢南洋
现任编辑：蒋永磊，李蓉、高红微
主办者：宿迁市图书馆和宿迁市图书馆学会主办，宿迁运通传媒广告有限公司、宿迁新闻网协办
其他：2011 年 6 月创刊，季刊。

75. 名称：《湘江边的旧书摊》
地点：湖南株洲
主编：舒凡
主办者：株洲新闻网株洲书友会
其他：2011 年 7 月创刊，至今只出 1 期。

76. 名称：《喜阅》
地点：四川成都
主编：胡建强
主办者：成都图书馆
其他：2011 年 10 月创刊，双月刊。现已出版 7 期。

77. 名称：《宁阳读书人》
地点：山东宁阳
主编：石玉奎
副主编：吴凤营、赵家庆
编辑：李伟、胡玉春、曹树兵、刘胜利、秦美丽、赵晶
主办者：宁阳县图书馆

其他：2011 年 10 月创刊，双月刊。

78. 名称：《朗读》
地点：广东东莞
主编：叶淑帆
主办者：大朗镇图书馆
其他：2011 年 11 月创刊，双月刊。现已出版 5 期。

79. 名称：《三禾读书》
地点：浙江乐清
主编：孔庆元
主办者：乐清市三禾读书社
其他：2011 年创刊。

80. 名称：《籀园》
地点：浙江温州
主编：张永苏
主办者：温州图书馆
其他：2011 年创刊，季刊，现已出版 5 期。

81. 名称：《梧桐影》
地点：浙江桐乡
主编：夏春锦
主办者：桐乡市梧桐阅社
其他：2012 年 7 月创刊，现已出 2 期。

82. 名称：《名堂》
地点：山西太原
主编：刘涛
主办者：山西省戏剧家协会
其他：2012 年 7 月创刊。

83. 名称：《现场》
地点：台湾台北
主办者：诚品书店主办

84. 名称：《轩客会》
地点：四川成都
监制：吴鸿
主办者：轩客会·格调书店
其他：2011 年 10 月创刊，不定期出版。

85. 名称：《唏嘘》
地点：重庆
主编：崔迎
主办者：西西弗重庆书店
其他：1998 年西西弗书友杂志《阅读》创刊，2010 年开始，更名为《唏嘘》。目前《唏嘘》为季刊。

86. 名称：《问津》
地点：天津
主编 王振良
主办者：问津书院
其他：2013 年 1 月创刊。

87. 名称：《品报》
地点：天津
主编：张元卿
编辑：王振良、顾臻、林鸥
主办者：民国通俗小说研究馆
其他：2010 年元旦创刊，每逢单月 1 日向研究者和爱好者赠阅。

88. 名称：《阅章》
地点：广州
主办者：广州购书中心读者俱乐部
其他：2005 年 7 月创刊。

89. 名称：《方所》
地点：广州
主办者：方所书店

90. 名称：《豫章》
地点：南昌
主编：毛静
主办者：青苑书店
其他：2013年创刊，季刊。

91. 名称：《乐读》
地点：江苏无锡
主编：陆阳
其他：2013年创刊，季刊，每期印量200份。

92. 名称：《东方藏书票》
地点：成都、西安
主编：阿年
执行主编：崔文川
主办者：香港东方艺术中心
其他：1999年底试刊，2001年1月创刊，季刊，大16开4色彩印，出版10期。

93. 名称：《独立阅读报告》
主编：苏小和、王晓渔、成庆、言一、汪伟、扬克、孙骁骥、灵子
其他：2007年7月首发，每月1期，后更名为《独立阅读》。

94. 名称：《天涯读书周刊》
地点：合肥、成都
主编：蓝紫木槿、朱晓剑
其他：2007年3月16日创刊，现为半月刊，网络发行。

95. 名称：《忆石读书报》
地点：北京
主编：李鲆
主办者：忆石中文网
其他：2007年3月22日创刊，周报，出至20期，停刊。

96. 名称：《绿茶书情》
地点：北京
主编：绿茶
其他：2010 年 8 月创刊，月刊，2013 年，杂志作为自媒体定期发布。

97. 名称：《读品》
地点：上海
主编：周鸣之、梁捷
主办者：上海金融与法律研究院
其他：2006 年创刊，每月 1 日和 16 日出版，2011 年 7 月停刊。

98. 名称：《艾芜故居》
地点：成都
主编：龚明德
主办者：艾芜故居

99. 名称：《山西图书发行》
地点：太原
主编：介子平
主办者：山西省新华书店集团
其他：报纸为半月刊，除了集团内部发行外，也对外发行。

100. 名称：《五车书》
地点：合肥
主编：张乃予
其他：初期，每期仅印 500 余份，后改名为《鸿影藏书阁》。

101. 名称：《温州通史编纂通讯》
地点：温州
主编：卢礼阳
主办者：温州市图书馆

102. 名称：《日记闲话》
地点：北京

主编：康健
其他：2013 年开始出版，现为不定期出版。

103. 名称：《书林驿》
地点：南京
主编：钱军
主办者：南京邮电大学图书馆
其他：2013 年 10 月创刊，双月刊。

104. 名称：《阅读空间》
地点：成都
主编：陈瑞生
主办者：3+2 读书会
其他：2013 年创刊，季刊。

105、名称：《越问》
地点：绍兴
主编：吕山
主办者：《越问》读书会
其他：2013 年 3 月创刊，季刊。

注 1：本资料来源为《悦读时代》2012 年第 4 期。部分内容根据实际情况进行了调整。

注 2：以上资料的收集得到王志、李传新、李岚屏、阿滢、舒凡、傅天斌、潘金辉等的支持帮助。